MW00425828

DESPUÉS DE LA
CAÍDA

DESPUÉS DE LA
CAÍDA

ERWIN W. LUTZER

Unilit   Sepa

Publicado por
Editorial Unilit
Miami, Fl. 33172

© 2005 Editorial Unilit (Spanish translation)
Primera edición 2005
Primera edición 2012 (Serie Bolsillo)

© 2004 por Erwin Lutzer.
Originalmente publicado en inglés con el título:
After You've Blown It por Erwin W. Lutzer.
Publicado por *Multnomah Books*, un sello de
The Crown Publishing Group, una división de Random House, Inc.,
12265 Oracle Boulevard, Suite 200, Colorado Springs, CO 80921 USA
Publicado en español con permiso de Multnomah Books, un sello de
The Crown Publishing Group, una división de Random House, Inc.
(This translation published by arrangement with Multnomah Books, an
imprint of *The Crown Publishing Group*, a division of Random House, Inc.)

Todos los derechos de publicación con excepción del idioma inglés
son contratados exclusivamente por GLINT, P O Box 4060, Ontario,
California 91761-1003, USA.
(All non-English rights are contracted through: Gospel Literature
International, P O Box 4060, Ontario, CA 91761-1003, USA.)

Traducción: Dr. Andrés Carrodeguas

El texto bíblico ha sido tomado de la versión Reina Valera © 1960
Sociedades Bíblicas en América Latina; © renovado 1988 Sociedades
Bíblicas Unidas. Utilizado con permiso. Reina-Valera 1960® es una marca
registrada de la American Bible Society, y puede ser usada solamente bajo
licencia.

Producto 499119
ISBN 0-7899-2002-6
ISBN 978-0-7899-2002-7

Impreso en Colombia
Printed in Colombia

Categoría: Vida cristiana /Relaciones /General
Category: Christian Living /Relationships /General

Este mensaje de esperanza es para mis hermanos y hermanas que necesitan saber que cada santo tiene un pasado y cada pecador un futuro.

Cuando el pecado abundó,
sobreabundó la gracia.
<small>ROMANOS</small> 5:20

Contenido

¿QUIÉN SE MERECE LA REDENCIÓN?

«¿Se merece Bob Greene la redención?»

¿USA *Today* lo quería saber. «¿O debería sentarse el antiguo columnista del *Chicago Tribune* sentarse para el resto de sus días, uncido para siempre a la ignominia?»[1]

Bob Greene comenzó a alcanzar fama como periodista a base de escribir fuertes y reveladores artículos sobre los niños abandonados y maltratados, sirviendo de alarma para los padres y los funcionarios estatales. Escribió libros que se vendieron profusamente y edificó toda una carrera de treinta años como la voz de quienes no tenían voz. En todos los aspectos, era un hombre de su familia, profundamente dedicado a su esposa y sus hijos.

Entonces fue cuando un correo electrónico anónimo reveló un sorprendente escándalo que puso al descubierto todo un esquema de infidelidad conyugal. Greene admitió sus indiscreciones y fue despedido de inmediato por el *Tribune*. Cuatro meses más tarde, su esposa falleció a causa de una enfermedad respiratoria.

Hay quienes dicen que Bob Greene merece una redención. Otros dicen que no.

Otro periodista dijo: «Greene es ahora una voz perdida. Nunca había escuchado antes a un hombre quebrantado, de una manera tan cercana y personal». Se maravillaba de la forma tan desenfadada en que golpeamos a la gente hasta dejarla por muerta. Al fin y al cabo, se sigue tratando de personas.

¿Cuál fue la reacción de Greene? «Yo era realmente bueno en mi trabajo, pero no era realmente bueno en mi vida». Y añadió: «Es como si fuera un cuerpo tirado en la calle, que la gente sigue llegando para darle patadas… pero el cuerpo ya está muerto».

En la actualidad lleva vida de ermitaño, y casi nunca sale a ninguna parte. Si tiene algún plan para regresar; para reavivar su carrera, no lo ha revelado.

¿Merece Bob Greene una redención?

Si yo le pudiera hablar hoy, le diría: «Sí, Bob; mereces una redención». Le señalaría que hay dos cuestiones que necesita resolver. Una es su comunión con Dios. La otra comprende sus relaciones con los demás, y en particular con aquellos a quienes ha herido. Es muy posible que sus días de periodista hayan terminado, pero aún tiene un futuro ante los ojos de Dios.

Ahora bien, ¿qué decir del esposo que, en contra de las súplicas de su esposa, ha invertido sus ahorros en una empresa arriesgada que ha fracasado, obligando a la familia a declararse en bancarrota? Parecía una transacción a la cual este hombre no se podía negar, pero su esposa insistía en que debían poner ese dinero en un certificado de depósito. Ahora no va a permitir que él olvide que su necedad ha dilapidado los ahorros que con tanto esfuerzo habían conseguido, así que vive bajo una nube de críticas y de un profundo pesar personal.

Este hombre merece una redención.

¿Y la joven soltera que se ha hecho un aborto? Ella quería tener el niño, pero sus padres insistieron en que tenía que liquidar su embarazo. Los había avergonzado, le decían; en la iglesia local habían tenido una buena opinión de ellos. Llena de temor, entre llantos y vacilaciones, la joven echó a un lado sus propios anhelos más profundos para hacer lo que ella sabía que estaba mal. Pensaba que tal vez Dios la perdonara, pero dudaba que sus padres llegaran a hacerlo alguna vez. Ahora se siente como «mercancía dañada», indigna de un hombre decente e incapaz de servir al Señor.

Esta joven merece una redención.

También la merece el adicto que me llamó para confesarme que había acumulado treinta y cinco mil dólares de deudas en las tarjetas de crédito jugando al azar en la Internet. Me dijo que su esposa acababa de descubrir ese secreto que él se tenía tan bien guardado. Peor aun; este hombre era profesor en una respetada universidad cristiana, y temía que si se llegaba a saber la verdad, lo despidieran de su trabajo.

A pesar del desastre que ha fabricado, este hombre también tiene un futuro con Dios.

Por supuesto, si hablamos de manera estricta, ninguno de nosotros se *merece* una redención. Dios no nos debe nada. No obstante, nos ofrece su gracia inmerecida. Aunque lo que nos merecemos es la condenación, Él nos invita a todos y cada uno de nosotros a recibir la redención. Dignos de ella o no, nos acercamos a Él para recibir el perdón y la seguridad de que aún tiene un plan para nuestra vida.

Todos hemos fracasado. «Por cuanto todos pecaron, y están destituidos de la gloria de Dios» (Romanos 3:23).

Yo he dicho cosas de las cuales después me he lamentado. He sentido que habría sido mejor callarme, pero ya no podía echarme atrás en lo que había dicho. Les he fallado a los que me rodean muchas veces más de las que recuerdo, y con frecuencia les he tenido que pedir perdón a mis seres amados.

Tanto si hemos fallado en grande, como si se ha tratado de «pequeñas» indiscreciones, todos hemos deseado desde el fondo del corazón haber podido vivir de nuevo algunos de nuestros días del pasado, haciendo bien las cosas esta vez. Me viene a la mente el jovencito que oraba diciendo: «Dios mío, te pido que este incidente nunca haya pasado». Sin embargo, el pasado es una dura realidad que no es posible alterar. Todo lo que se puede cambiar es nuestra reacción ante él: el perdón que podemos recibir de Dios y nuestros intentos por reconciliarnos con las personas a las que hemos lastimado. Aún podemos aprender de nuestros errores, en la esperanza de que lleguen días mejores.

Este libro está dedicado a todos los que han tomado decisiones poco afortunadas que más tarde han regresado a hacerles la vida difícil.

Es para todos los que necesitamos que se nos recuerde que Dios es más grande que los errores que nosotros hayamos cometido.

Es un libro de esperanza.

Un libro para todos aquellos que alguna vez hemos tomado un rumbo equivocado en el camino de la vida.

CAPÍTULO UNO

EL PADRE QUE ESPERA

Todos nosotros en algún momento hemos tomado un rumbo equivocado en el camino de la vida. En una ocasión, Jesús relató la historia de un joven que había tomado una serie de malas decisiones espantosas. Él mismo admitía que no merecía redención. Sin embargo, después de todos sus fracasos, hizo una cosa buena. El relato nos recuerda que, mientras estemos vivos, aún nos queda algo bueno por hacer. Lo inteligente. La decisión correcta.

Es probable que este relato le sea familiar. Un padre tenía dos hijos. El más joven de los dos se había cansado de trabajar en la granja, así que se le acercó a su padre para pedirle su herencia. «Padre, dame la parte de los bienes que me corresponde» (Lucas 15:12). Así que el padre dividió sus propiedades entre sus dos hijos. Entonces, el hijo menor se marchó «a una provincia apartada», donde pagaría su estancia con el dinero de su padre. Una vez allí, tomó lo que el padre le había dado y lo despilfarró con un estilo de vida exorbitante.

A pesar de la buena educación recibida, el jovencito era impertinente y grosero. Al hacerle esta petición a su padre, en realidad es como si le estuviera diciendo: «Padre, no puedo esperar a que te mueras, así que dame mi herencia ahora mismo». El padre no discute. Tampoco sermonea a su hijo acerca de los peligros que hay en una vida descarriada; prefiere dejar que su hijo siga sus apetitos. Llega un momento en el que es necesario respetar las decisiones de un joven, aunque lo lleven a la ruina. Así que el padre esconde su dolor mientras ve a su hijo marcharse por un camino largo y lleno de peligros.

El joven toma su herencia y la convierte en efectivo. Va a necesitar dinero cuando llegue a aquel lugar lejano. Cree que la buena vida, una vez que comience, le va a durar para siempre.

UN CAMINO LARGO
Y NO TAN FELIZ

La rebelión del joven era deliberada.

En primer lugar, estaba decidido a irse a la «provincia apartada». Sabía que su padre no lo iba a seguir, ni tampoco su hermano tan dado a criticarlo, lo iba a poder encontrar. Se fue a un lugar donde era desconocido; un lugar donde no lo reprenderían por haber tomado el mal camino. Optó por una vida de independencia total, sin restricciones.

En segundo lugar, despreció los valores de su padre a base de disfrutar de los placeres que él no aprobaba. Muchos de nosotros estamos familiarizados con la descripción que hace la Biblia de la vida que llevaba aquel joven en la provincia apartada. Leemos que allí desperdició sus bienes viviendo perdidamente (v. 13). Es la misma palabra que usamos hoy cuando decimos que alguien ha «desperdiciado su vida».

En la «provincia apartada» desperdiciamos nuestra mente. Desperdiciamos nuestras oportunidades. Desperdiciamos nuestro dinero. Mi esposa y yo asistimos al funeral de un alumno de secundaria que murió por una sobredosis de drogas. Mi pensamiento era: *¡Qué desperdicio!* En una ocasión, aconsejé a una joven que se había convertido en madre soltera después de una aventura con un hombre al que no amaba. Había tenido que dejar sus estudios, y yo pensaba también: *¡Qué desperdicio!*

Volviendo al joven del relato de Jesús, las circunstancias empeoraron para él cuando se declaró el hambre en aquellas tierras. Tal vez ya hubiera hambre cuando él llegó, pero no se había dado cuenta. Al terminársele el dinero, se percató de manera repentina y dolorosa de que la situación económica era terrible.

Por último, el joven menospreció su propia religión. Se puso a trabajar para un ciudadano de aquella región que lo envió al campo para que alimentara a los cerdos. Podemos admirar el que aquel hijo estuviera dispuesto a hacer trabajos poco agradables, en lugar de robar o acudir a su padre para pedirle más dinero. Pero los cerdos eran animales abominables para los judíos. No solo eran unos animales físicamente sucios, sino que también eran ceremonialmente inmundos. No obstante, el joven estuvo dispuesto a aceptar un tipo de trabajo que su religión condenaba, solo para llevarse al estómago algo de comer.

El hambre lo obligó a hacer concesiones en cuanto a sus creencias y su dignidad. En el corral de cerdos perdió el respeto a su propia persona: «Y deseaba llenar su vientre de las algarrobas que comían los cerdos, pero nadie le daba» (v. 16). Así descubrió el joven que sus amigos de los buenos tiempos no eran de fiar; ahora que se le había acabado el dinero sus camaradas no le servían de nada. Convertido en un indigente, se enfrentaba a una decisión.

¿POR QUÉ QUEDARSE EN LA PROVINCIA APARTADA?

Todo el que ha pasado por un fracaso así, llega al momento de la verdad: una crisis en la cual deben tomar la decisión de volverse atrás o seguir adelante. Este joven habría podido endurecer su corazón y su mente, y pensar: *Prefiero morirme de hambre, antes que volver a casa para enfrentarme a mi padre y al niño bueno de mi hermano.*

La idea de volver a su hogar hizo despertar en él la culpa y la vergüenza. ¿Cómo iba a poder mirar de frente a su padre? Y, ¿cómo iba a poder regresar sin un centavo para sufrir los desprecios de su hermano mayor, que tenía reputación de ser un joven muy digno que nunca hacía nada mal hecho? Sin duda, la gente estaría hablando allí acerca de los dos hijos que tenía su padre, el bueno que se quedó en casa para trabajar en el campo y el delincuente que tomó el dinero del anciano y salió corriendo.

Nunca le habían gustado los rigores y las normas de la vida en el campo, y desde aquellos tiempos, la vida desordenada había encendido sus pasiones. Ni siquiera estaba seguro de poderse aclimatar de nuevo a la vida del campo.

Vida o muerte eran las fuertes razones que tenía para mantenerse alejado de la casa de su padre.

CUANDO SE ABRE PASO LA REALIDAD

Con todo, aquel tunante tuvo el buen tino de hacer algo correcto después de haber hecho tantas cosas incorrectas. En lugar de tomar las mismas decisiones de antes para cosechar las mismas consecuencias desmoralizantes de antes, «volvió en sí» (v. 17).

Esas palabras son fundamentales. Quisiéramos haber podido leer que amaba tanto a su padre, que no pudo soportar la separación y por eso había decidido regresar. Sin embargo, su motivación es mucho menos noble. Tiene hambre. Es su estómago, y no su corazón, el que le dice que volver a su hogar podría ser una idea muy buena. «¡Cuántos jornaleros en casa de mi padre tienen abundancia de pan, y yo aquí perezco de hambre!» (v. 17).

No obstante, de haber pensado aquel joven que su padre no era bondadoso y capaz de perdonar; de haber creído que era un hombre duro y frugal que contaba las ofensas y alimentaba los resentimientos, es muy probable que se hubiera quedado en aquella provincia lejana, pasara lo que pasara.

Pero el amor del padre produce dos efectos en él: Lo anima a regresar, pero también le hace ver más grande su propia rebelión. Si regresa, se va a tener que enfrentar a su propia culpa y vergüenza ante la presencia de un amor que no se merece. Muchas veces es más difícil aceptar la gracia, que la ley impuesta con un pesado garrote.

El hijo prepara un discurso: «Padre, he pecado contra el cielo y contra ti. Ya no soy digno de ser llamado tu hijo; hazme como a uno de tus jornaleros» (vv. 18-19).

A pesar de todo, este jovencito despierta simpatías. Sí, ha destruido su dinero y su dignidad. Sí, ha manchado la reputación de su padre y de su familia. Pero no trata de justificarse. No dice: «Bueno, la culpa la tienen mis amigos, que me mintieron y gastaron el dinero», ni tampoco «La culpa la tiene la recesión; había mucho desempleo y eso me costó todo lo que tenía».

Lo ha echado todo a perder, y lo admite.

Sabe que es mejor ser un esclavo en la casa de su padre, que un hombre libre en aquella provincia apartada. Así que echa a andar, ensayando su discurso con cada paso que da.

EL PADRE PERMANECE VIGILANTE

En el hogar, el padre había perdido todo su interés en el trabajo del campo. Muchas veces soltaba las herramientas para ponerse a mirar el camino, en la esperanza de poder ver a su muchacho. Mi esposa y yo hemos aconsejado a personas cuyos hijos se han rebelado y viven en la provincia apartada. Estos padres nos dicen que se van a la cama todas las noches pensando en su hijo, y se despiertan todas las mañanas pensando en él. Los padres solo pueden ser tan felices como el más triste de sus hijos.

Aunque el hijo se había marchado de la granja de su padre, nunca había salido de su corazón. Esto es lo que leemos: «Y levantándose, vino a su padre. Y cuando aún estaba lejos, lo vio su padre, y fue movido a misericordia, y corrió, y se echó sobre su cuello, y le besó» (v. 20). En el texto griego original, la palabra traducida como «lejos» es la misma utilizada para hablar de la «provincia apartada». Los ojos del padre escudriñan todo el panorama, anhelando descubrir una señal del regreso de su hijo.

Cuando divisa al joven que se acerca por el camino, corre a abrazarlo. El muchacho comienza su discurso, pero el padre lo besa tanto, que no tiene oportunidad de terminarlo. Comienza: «Padre, he pecado…», pero su padre no tiene ni con mucho tanto interés en su confesión, como en el hecho de que tiene a su hijo de vuelta en sus brazos.

Entonces, el padre grita: «Sacad el mejor vestido, y vestidle; y poned un anillo en su mano, y calzado en sus pies. Y traed el becerro gordo y matadlo, y comamos y hagamos fiesta; porque este mi hijo muerto era, y ha revivido; se había perdido, y es hallado» (vv. 22-24).

Y así comienza la fiesta.

Buenas nuevas para los hijos descarriados... y las hijas

¿Qué debemos hacer después de haberlo echado todo a perder? Nuestra primera decisión debería ser correr de vuelta a los brazos del Padre celestial que nos espera. Cada día que nos retrasemos en la provincia apartada es otro día que le rompemos el corazón. Cuando nosotros estamos ausentes,

nuestro Padre siente un profundo dolor, porque nos ama profundamente. Él ama a sus hijos
e hijas, y lo más sabio que podemos hacer es
siempre tomar el camino más corto al hogar, que
es donde debemos estar.

Para aquellos de nosotros que han hecho mal,
y bien mal las cosas; para aquellos que han cometido pecados sexuales en esta semana; para aquellos
que han desperdiciado egoístamente su vida; para
aquellos que hemos prometido cambiar pero no lo
hemos hecho, el primer paso correcto consiste en
salir corriendo hacia el Padre.

Toda la aversión es nuestra. Vacilamos, porque
estamos avergonzados. Tememos la ira de nuestro Padre, y lo que nos pueda hacer si «nos en-
tregamos». O estamos enojados con Él y con sus
hijos a los que les encanta criticar. Nos decimos
que solo volveremos al hogar cuando sepamos que
podemos seguir las normas del Reino del Padre.
Algunas veces nos sentimos tentados a regresar por
razones egoístas. Aun así, el Padre no nos reprende, sino que se alegra de que hayamos vuelto a Él.

Y ADEMÁS, ESTÁ EL HERMANO MAYOR...

El joven de la historia aprendió que una cosa era
reconciliarse con su padre, y otra muy distinta

reconciliarse con los hijos de su padre. Cuando el hijo mayor volvió a la casa después de un fuerte día de trabajo, y oyó que había una celebración en marcha, cualquiera habría esperado que soltara su azadón, se pusiera un sombrero de fiesta y gritara: «¡Gracias a Dios, mi hermano ha vuelto!». En lugar de hacer esto, se enojó tanto, que se negó a entrar en la casa. Aunque estaba ocupado con el trabajo que le había encomendado su padre, no le preocupaba para nada la salvación de otros; incluso la de su propio hermano.

Cuando volvamos al Padre, tal vez tengamos que soportar a los «cuenta-frijoles» que creen que nuestra relación con Dios se basa en nuestros méritos.

«¿Cómo lo puede usar Dios, después de haber estado en prisión?»

«¡Dios no la puede usar, porque es divorciada!»

«Yo no creo que él sea sincero. ¿Cómo es posible que sea salvo?»

Cuando nacieron nuestros hijos, mi esposa y yo no dijimos: «Solo vamos a amar a estos niños cuando crezcan y lleguen a tener una buena educación y una profesión; algo que nos haga quedar bien a nosotros». No; los amamos sencillamente porque eran hijos nuestros. De igual manera, Dios nos ama sin que nuestra actuación tenga que ver. La gracia tiene un solo sentido: Cuando nosotros acudimos a Él, solo llevamos con nosotros nuestra gran necesidad; el resto lo pone Él mismo.

Así que, después que el hijo menor había exigido su herencia con una gran falta de respeto, y después la había despilfarrado en una provincia apartada, ¿por qué pareció interesarse tanto el padre en aquel joven? Yo creo que esto se debe en parte a que por fin había hallado alguien dispuesto a usar la túnica especial y el anillo que él tenía guardado en el cofre de sus tesoros. Había hallado un candidato para las sandalias que habían estado esperando en un estante del portal de su casa.

Básicamente, el hermano mayor había rechazado esas bendiciones, porque no se veía a sí mismo como hijo, sino como esclavo. El trabajo en el campo era solo faena pesada, sin deleite alguno. Se había acostumbrado tanto a trabajar para el padre, que había perdido el encanto del amor que este le tenía y el gozo de servirle. No veía a su padre como generoso, sino como tacaño, y se negaba a disfrutar de las bendiciones que ese padre le tenía apartadas.

El hermano mayor servía a su padre por lo que le pudiera sacar —el sostenimiento, la comida y un hogar—, y no por amor. Francamente, se había quedado en el hogar porque no tenía valentía para marcharse. Cuando criticó a su hermano menor por despilfarrar su dinero con prostitutas (v. 30), captamos una insinuación sobre lo que él mismo habría hecho con *su parte* de la herencia, si el temor no lo hubiera mantenido en casa.

La gracia es difícil de recibir. Aquellos de nosotros que sabemos que hemos pecado, reconocemos el hedor de los cerdos en nuestras ropas. No solo detestamos lo que hemos hecho, sino también lo que somos. Pensamos que nuestro pecado es demasiado grande para que se nos reciba de vuelta.

Pero también están los «hermanos mayores» que creen no necesitar la gracia. Se comparan con los demás, y ven que a ellos les va muy bien, y eso es todo. Rechazan el bondadoso abrazo del padre, y en su lugar, van soportando el campo un día tras otro. Mientras parezcan buenos ante los demás, piensan que todo es de color de rosa.

Pero el padre le habla con ternura al hijo mayor. «Hijo», le dice, usando la palabra griega *teknon*, término de ternura usado para referirse a un *hijo*, «tú siempre estás conmigo». Dios ama a sus hijos, aunque ellos no quieran aceptar a sus hermanos y hermanas que han recibido su perdón. Ama a los que son difíciles de amar, y esto incluye a los que se creen justos y critican a los demás, y que se incomodan por las bendiciones que se les conceden a los pródigos. A los hermanos mayores, el Padre les está diciendo: «¡Vengan a la fiesta! ¡Mañana trabajaremos, pero esta noche vamos a celebrar!».

Muchos pródigos no son capaces de regresar al Padre, porque no se pueden enfrentar a los hermanos mayores que juzgan enseguida, critican enseguida y les disparan enseguida a los heridos. Pero no podemos permitir que las actitudes de los demás nos aparten del tierno abrazo del Padre. A todos aquellos que lo han echado todo a perder, yo les digo: «¡Apresúrense a acudir al Padre, y no dejen que las críticas de sus hermanos mayores los detengan!».

Dios espera ansioso a todos aquellos que se encuentran en la provincia apartada. No vacila siquiera ni en enviar hambre a ese lugar para captar nuestra atención. Las adicciones, las relaciones destruidas, los reveses económicos y la conciencia atribulada son como campanas de alarma que nos recuerdan que el Padre nos está esperando. Muchas veces, nuestro desastre es el mensaje de Dios, su megáfono por medio del cual nos invita para que volvamos al hogar, que es donde debemos estar.

Sí, los que regresen necesitarán adaptarse a los caminos del Padre y aceptarlos, pero esta noche Él les está diciendo: «¡Ven al hogar, que te estoy esperando! Vamos a divertirnos y a disfrutar del banquete que te he preparado. Mañana hablaremos sobre el día de mañana».

A la persona en cuyas ropas se siente el hedor del pecado, el Padre le dice: «Tengo una túnica limpia esperándote». A la persona resentida que no comprende la gracia, Él le dice: «Ven, únete a nuestra fiesta».

A todos nos dice: «Tengo los brazos abiertos».

Por mal que hayamos hecho las cosas, el Padre nos está esperando.

CAPÍTULO DOS

LA CULPA QUE
NO PODEMOS
ANULAR

«Dígamelo, de hombre a hombre: ¿Hay manera de salir de esto, o no? Si la hay, la quiero conocer; si no la hay, me voy a volar la tapa de los sesos».

El hombre que me habló así era un bisexual que acababa de saber que le había transmitido a su esposa el virus del SIDA. Ella no estaba dispuesta a perdonarle sus relaciones secretas, sus engaños y mentiras. Y ahora la había infectado con una enfermedad mortal.

Ryan (no es ese su nombre real) me dijo que había asistido constantemente a la iglesia, y que tenía el hábito de confesar sus pecados, pero que en realidad, no estaba seguro de haber recibido el perdón. Aunque estaba tan desesperado, no sabía de qué manera «conectarse» con Dios. La idea de la muerte lo aterraba, porque estaba convencido de que, si había otra vida, lo que le esperaba era el infierno. Sin embargo, en medio de su sufrimiento, el suicidio se había convertido en una opción cada vez más atrayente.

Lo mejor que pude, le expliqué a Ryan que él tenía tres problemas distintos, aunque relacionados, que necesitaba resolver. En primer lugar, necesitaba enfrentarse a la realidad de que estaba apartado de Dios, como lo estamos todos nosotros por el hecho de ser humanos. Objetivamente, todos hemos pecado y somos culpables ante Él, y mientras no sea eliminada esa barrera de pecado, no podremos conocerlo ni deleitarnos en la comunión con Él.

En segundo lugar estaba la cuestión de la culpa y el pesar; el desespero y la depresión que lo abrumaban al mismo tiempo que su conciencia le gritaba que había provocado un inmenso desastre. Aquellos sentimientos iban acompañados por una furiosa condena de sí mismo y por las ganas de morir. Pero su conciencia solo podría quedar tranquila cuando fuera rectificada su relación con Dios. El primer paso tenía que preceder al segundo.

Por último, estaba la ira de su esposa, a quien él había traicionado. Para reparar ese problema haría falta tiempo. Y francamente, tal vez nunca se llegara a reconciliar con ella. Pero sí, con Dios la vida sigue valiendo la pena.

¿Por qué la confesión de su pecado hecha por Ryan no le había dado paz? Le expliqué que no nos convertimos en cristianos solo a base de confesar nuestros pecados. Muchas personas que le confiesan sus pecados a Dios o a un sacerdote no son «nacidas de nuevo», como dice Jesús que debemos ser para entrar al Reino de los cielos (Juan 3:3). Por una parte, no nos es posible recordar *todos* nuestros pecados; por lo general solo recordamos los que nos siguen molestando. Además, es posible que hayamos cometido muchos pecados de los cuales no somos conscientes. Recuerde que las normas de Dios son mucho más elevadas que las nuestras. Sí, los cristianos confesamos nuestros pecados, pero no es así como nos convertimos en miembros de la familia de Dios.

Lo que necesitaba aquel hombre era un acto de Dios por medio del cual él se convirtiera en uno de sus hijos. Necesitaba que *todos* sus pecados—los recordara o no— le fueran quitados, para poderse «conectar» con su Creador. Ryan necesitaba Alguien que cargara personalmente con sus pecados; Alguien que hubiera vivido sin pecado, pero que hubiera pagado el precio por todo lo que él había hecho en su vida. Necesitaba saber que Dios lo iba a recibir, solo teniendo en cuenta los méritos del sacrificio de Cristo. Lo maravilloso es que Dios ya había provisto lo necesario, y podía hacer por él lo que él necesitaba que se hiciera con toda urgencia.

Cuando uno se prepara a abordar un avión, los agentes de la línea aérea no le preguntan si ha tenido un buen día o un mal día. No le preguntan si se siente deprimido o contento. Lo que quieren saber es si tiene su billete. De igual manera, cuando aceptamos a Cristo como Salvador por medio de la fe, Él se convierte en nuestro billete de entrada a Dios.

La cuestión no está en que nos sintamos dignos de ese don. No lo somos. Tampoco está en que nos sintamos culpables. Lo somos. Ni en el número, o el tamaño relativo de nuestros pecados. Hasta las personas que consideramos buenas se hallan separadas de Dios, tanto por su naturaleza como por decisión propia. Los que han caído más hondo tienen por lo menos esta ventaja: *Saben* que tienen una urgente necesidad de recibir el perdón divino, a diferencia de los que se consideran a sí mismos como personas decentes. A Dios le encanta ayudar a los que saben lo mala que es su situación en realidad.

Ryan —que Dios lo bendiga— tenía esa ventaja. Su culpa y su desesperación lo estaban llevando hacia Dios. La voz interior que lo condenaba, lo impulsaba a preguntar cómo podía hallar la paz con Dios y consigo mismo. Pero no es solo la persona sexualmente inmoral la que siente el mortal apretón de la culpa. También lo siente el alcohólico, y el jugador empedernido, y la mujer que se ha hecho un aborto. También lo tiene todo el que luche con una costumbre de pecado. También lo tenemos todos los que no hemos vivido a la altura de lo que sabemos correcto.

Ryan aceptó a Cristo como Salvador. Cuando supo que Dios lo había perdonado, se le cayó de los hombros un gran peso. Pero no terminó allí su lucha con la culpa y la condenación de sí mismo. Aun después que Dios había borrado su pecado, su conciencia lo seguía molestando.

Los pecadores tenemos todos un problema que tiene el mismo tamaño de Dios.

Gracias a Él, hay una solución a ese problema que también tiene ese mismo tamaño.

LIMPIO DE DELITOS

Zacarías, profeta del Antiguo Testamento, tuvo una visión que ilustra tanto nuestro dilema, como la respuesta de Dios a nuestra culpa. En la visión de Zacarías, había un sacerdote que había llegado ante Dios lleno de vergüenza, pero se marchó después de haber sido proclamado tan justo como Dios mismo.

Su historia puede ser también la nuestra.

> Me mostró al sumo sacerdote Josué, el cual estaba delante del ángel de Jehová, y Satanás estaba a su mano derecha para acusarle… Y Josué estaba vestido de vestiduras viles, y estaba delante del ángel.
>
> Zacarías 3:1, 3

Imagínese esta escena. Vea la forma en que está vestido el sacerdote. Sus vestiduras viles reflejan el contenido de su corazón; reflejan su culpa ante Dios. El sacerdote Josué está inmundo. Está sucio, es culpable y es incapaz de hacer nada al respecto.

Si se comparara su corazón al de un criminal común, tendría un aspecto mucho mejor. Incluso, si lo pusieran junto a los miembros de nuestra propia congregación, se vería que es más justo que los demás. Pero Josué se halla en la presencia de alguien mucho más justo que él. Está en la presencia del «ángel de Jehová».

Veamos más de cerca a este «ángel». Tenemos una indicación sobre quién es cuando lo oímos decir: «Jehová te reprenda, oh Satanás; Jehová que ha escogido a Jerusalén te reprenda» (v. 2). Como veremos, este «ángel de Jehová» tiene capacidad para perdonar pecados. Los expertos escrituristas suelen aceptar que la expresión «el ángel» de Jehová (a diferencia de *un* ángel de Jehová) es una referencia a Cristo antes de su nacimiento en Belén.

El sacerdote Josué se halla ante la presencia de Jesús.

La realidad es que, si Dios no fuera tan santo, nos las podríamos arreglar con nuestra culpa. Pero la norma de Dios es el Ser Divino mismo.

¿Qué cree usted que el sacerdote Josué quiere hacer en este momento? Si pudiera decidir, estoy seguro de que saldría huyendo de la presencia del Señor. Sin embargo, se queda allí, ardiendo de vergüenza. *¡Y es tan culpable como parece!* Nosotros también comparecemos en condenación delante de la presencia de la santidad, la presencia de Aquel cuya pureza debemos igualar. Comparecemos ante Él al descubierto, espiritualmente desnudos.

Pero el mismo Jesús que juzga al sacerdote Josué, también lo cubre:

Y habló el ángel, y mandó a los que
estaban delante de él, diciendo: Quitadle
esas vestiduras viles. Y a él le dijo: Mira
que he quitado de ti tu pecado, y te he
hecho vestir de ropas de gala.

Zacarías 3:4

Es decir que, a pesar de que sus vestiduras
inmundas han sido desechadas, Josué no se queda
desnudo. Le cubren los hombros con «ropas de
gala». Ahora puede comparecer ante el Señor sin
sentir vergüenza alguna.

Medite en esto: La cuestión no está en el
tamaño ni en la cantidad de nuestros pecados,
sino en la belleza de las vestiduras que nos
cubren. Muy bien podríamos preguntar: ¿Están
muy sucias las vestiduras de Josué? ¿Qué pecados
ha cometido? Son preguntas interesantes, pero
carecen de importancia, porque su «vileza» ha
quedado cubierta por completo.

Jorge Espalatino, pastor de los tiempos de la
Reforma, se sentía sumergido en la angustia y la
culpa; no había manera de consolarlo después
de haberle dado a uno de sus feligreses un mal
consejo moral. Al conocer el estado en que se
hallaba su amigo Espalatino, Martín Lutero
tomó la pluma y le escribió. En su carta, no trató
de restarle importancia al pecado de Espalatino,

sino que se dedicó a magnificar la gracia de Dios. Le dijo que Jesús no murió solo por nuestros «pecados infantiles», sino también por nuestras «transgresiones e iniquidades reales, grandes, deplorables y condenables; sí… esos pecados que son los mayores y más horrendos». Tal como le decía Lutero a su amigo en su carta, Cristo es un verdadero Salvador para unos verdaderos pecadores[2].

Así que, ante la presencia de Jesús, el sacerdote Josué queda absuelto.

Sin embargo, la presencia de Satanás le da un giro distinto a esta historia. Él no soporta la reconciliación, sino que se encuentra presente para sembrar la división. El cielo dice de él que es «el acusador de nuestros hermanos, el que los acusaba delante de nuestro Dios día y noche» (Apocalipsis 12:10). Satanás está tratando de separar al sacerdote Josué de su Dios a base de acusarlo ante Él.

Antes de reflexionar siquiera en la base de esas acusaciones, pensemos esto un poco mejor. ¿Quién está haciendo esas acusaciones? ¿Acaso no es aquel que es la *encarnación* misma del pecado? Si el sacerdote Josué está sucio, Satanás está más sucio aun. Si Josué está inmundo, Satanás lo está el doble. No es de extrañarse que los demonios, que tienen la naturaleza de su líder, sean llamados con frecuencia «espíritus inmundos». Son totalmente asquerosos, sin que haya en ellos un simple detalle bueno o un soplo de bondad.

Pero Satanás no solo es la encarnación del pecado, sino que también es su *instigador*. Fue él quien tentó a Adán y Eva para que pecaran, y es él quien sigue descarriando a la humanidad. Satanás y sus secuaces nos atraen al pecado, para poderse dar vuelta y acusarnos de ser pecadores. Es como el hombre que es al mismo tiempo bombero e incendiario; aparece constantemente en los desastres que él mismo ha ayudado a crear.

Entonces, ¿qué mueve a Satanás? El odio. El odio a Dios y el odio al pueblo de Dios. Ciego de ira, consumido por los celos y sabiendo que lo espera un humillante futuro, nos recuerda nuestra culpa y nuestra vergüenza cuando comparecemos ante la presencia de Dios. «Mírate esas ropas tan sucias», nos dice. «Tú afirmas que Dios te ha perdonado. ¿De veras? Recuerda lo que hiciste. No te *sientes* perdonado; ¿no es cierto? Dios está tan furioso contigo, que lo mejor que puedes hacer es largarte».

Satanás nos quiere convencer de que no tenemos esperanza alguna. Quiere que nos alejemos de Dios y cometamos más pecados para amortiguar el dolor creado por nuestros pecados anteriores. El maligno nos quiere separar de nuestra comunión con Dios, alejándonos de la bendición que es una conciencia tranquila. Quiere torcer nuestra perspectiva; hacer que nuestro pecado parezca mayor que la gracia de Dios.

Lo bueno es que el Señor mismo es quien se hace cargo de defendernos. Es Él quien reprende al diablo por sus acusaciones. Cierto; somos grandes pecadores, pero Dios hace una inmensa distinción entre lo que nosotros nos merecemos y la gracia que Él nos va a dar. Gracias a Jesús, Dios nos quita nuestro pecado y nos proclama tan justos como Él mismo, además de vestirnos con sus propias vestiduras.

CONVICCIÓN CONTRA CULPA

Las vestiduras limpias que recibe del Señor el sacerdote Josué representan el don de justicia que recibimos cuando aceptamos a Jesucristo como el que cargó con nuestros pecados. Dios nos absuelve y nos proclama hijos suyos (véase Romanos 8:16-17).

Sin embargo, eso no significa que se haya terminado nuestra batalla contra el pecado. La culpa persigue al que no es cristiano, pero muchas veces también nos molesta a los cristianos. La diferencia es la siguiente: Por haber recibido a Cristo como el que cargó con nuestros pecados, ahora tenemos un medio para purificar nuestra conciencia. Confesamos nuestros pecados, no para convertirnos en hijos de Dios, porque ya lo somos para siempre, sino porque queremos una restauración total de nuestra comunión con el Padre. Cuando mis hijos eran pequeños, si me desobedecían, acudían a mí para pedirme perdón. No para volver a ser hijos míos, sino para restaurar la comunión que se había roto entre nosotros.

Debemos distinguir entre las acusaciones de Satanás y la convicción que nos ha dado el Espíritu Santo. Si confundimos estas dos cosas, nos estaremos centrando continuamente en nuestro pecado, e impidiendo nuestro gozo. ¿Qué habría pasado si Josué hubiera creído las acusaciones de Satanás? ¿Qué habría pasado si solo hubiera escuchado la voz que le decía que era inmundo; la voz que nos condena y maldice a todos? Se habría hundido en el odio a sí mismo, el desespero y el abatimiento.

Cuando somos miembros de la familia de Dios, el Espíritu Santo nos convence de pecado, porque necesitamos pedir perdón por él, pero una vez confesado el pecado, el asunto queda resuelto. Somos perdonados.

Sin embargo, Satanás nos sigue acusando de los pecados que han sido perdonados, agitándonos con asuntos que Dios afirma que ya han quedado resueltos.

No obstante, podemos oponernos a sus acusaciones con lo siguiente:

> ¿Quién acusará a los escogidos de Dios? Dios es el que justifica. ¿Quién es el que condenará? Cristo es el que murió; más aun, el que también resucitó, el que además está a la diestra de Dios, el que también intercede por nosotros.
> ROMANOS 8:33-34

Así que podemos decir con toda tranquilidad: «Jehová te reprenda, Satanás».

La historia del sacerdote Josué nos dice que nuestra culpa nos debe acercar a Dios, en lugar de alejarnos de Él. Cuando hemos hecho algo incorrecto, debemos reprimir nuestro instinto natural de salir huyendo a escondernos, y en lugar de esto, comparecer ante Dios tal como somos, sin excusas ni fingimientos.

Esto es lo que he estado tratando de decir: *La culpa que usted siente no viene de que Dios esté tratando de alejarlo de sí. Esa culpa viene de que Dios está tratando de rodearlo con sus brazos.*

¿VA A RECHAZAR
ESE DON?

Tal vez lo que más me asombra de este pasaje es que Dios no solo decide perdonarnos a los que hemos pecado contra Él, sino que también decide *honrarnos*. Al sacerdote Josué no solo se le dan vestiduras nuevas, sino que se trae un turbante principesco que se le pone en la cabeza. Es restaurado a su ministerio y se le da autoridad sobre la casa y los atrios del Señor.

Hace poco escuché el testimonio de un antiguo adicto a la heroína que había estado preso por robo a mano armada. Después de aceptar el perdón de Dios por sus numerosos pecados, este hombre fue contratado como supervisor en una organización cristiana. Esto es lo que decía: «El hecho de que a mí, que soy un verdadero saco de basura, se me dijera que Dios me podía usar, me hizo caer de rodillas lleno de agradecimiento».

Ahora bien, ¿qué sucedería si nos negáramos a aceptar la gracia que nos ofrece Dios, o nos sentimos reacios a recibirla? ¿Qué habría pasado si el hijo pródigo se hubiera quedado un poco más de tiempo en la provincia apartada? ¿Qué habría pasado si el sacerdote Josué hubiera dicho: «No, Señor, gracias. Soy pecador y no merezco vestiduras nuevas, así que voy a seguir usando las que llevo puestas»?

La película *The Shawshank Redemption* tiene por tema la vida de los presos en Maine durante la década del cuarenta y las décadas siguientes. El relato se centra en el recorrido de los corazones de dos hombres a través de las pruebas y las tentaciones que significaba sobrevivir un año tras otro en la penitenciaría. Cuando reciben la noticia de que un amigo se ha suicidado *después de haber sido puesto en libertad,* Red, tal vez el más sabio y maduro de los presidiarios, explica lo que sucede cuando uno vive demasiado tiempo entre los muros de una prisión: «Estos muros son raros. Primero los odias, y después te acostumbras a ellos. Basta que pase el tiempo suficiente para que termines dependiendo de ellos».

Lo mismo sucede cuando alguien es esclavo del pecado. Comienza detestando sus vestiduras inmundas —y la ira, las adicciones y los engaños que las acompañan—, pero después de un tiempo, se acostumbra a ellas. Y entonces, comienza a hallar consuelo en ellas. Al final, termina necesitándolas. Ese es el más trágico de todos los días: el día en que uno prefiere la esclavitud a la libertad. El día en que prefiere sus vestiduras permanentemente manchadas a las limpias vestiduras reales que Dios tiene esperándolo.

No espere ni un momento más. No se acostumbre a su pecado. El Padre lo está esperando, y tiene preparadas unas vestiduras lujosas para todos los que acudan a Él por medio de Cristo. Puede tener la seguridad que no hay mancha permanente ni persona sin esperanza ante la presencia del Señor.

Si usted nunca ha puesto su confianza solamente en Cristo, lo exhorto a hacer en este mismo momento esta oración, que expresa el anhelo de su corazón:

> Padre, te doy gracias porque has enviado
> a Jesucristo para que sea mi sustituto.
> Lo recibo como Salvador personal,
> y confío en que Él se lleva mis pecados.
> Te agradezco la seguridad de que,
> al poner yo mi confianza en Jesús,
> tú me vas a recibir como uno de los tuyos.
> Sus méritos se convierten en míos cuando
> confío en que Él es quien cargó con mis
> pecados. Te pido todo esto en el
> nombre de Jesús. Amén.

«Mas a todos los que le recibieron, a los que creen en su nombre, les dio potestad de ser hechos hijos de Dios».
Juan 1:12

CAPÍTULO TRES

LO QUE HACE DIOS CON LOS PECADOS PERDONADOS

Una mujer que se había hecho un aborto dijo que, durante los cuatro años pasados, cada vez que veía un niño que tenía la edad que habría tenido el suyo, se sentía llena de culpa y de angustia. Volvía a vivir lo que había hecho al matar a su hijo aún por nacer. Como cristiana, había confesado muchas veces su pecado, pero la culpa regresaba con frecuencia para vengarse.

El pecado es engañoso. No anuncia de antemano la cantidad de culpa que va a acompañar a un acto determinado de desobediencia. Aquella mujer no tenía idea de que cuatro años más tarde, aún la seguiría persiguiendo su cruel deseo de verse libre de las responsabilidades que trae consigo la maternidad.

Supongamos que usted se robara un millón de dólares y no lo descubrieran. Lo más probable es que su conciencia no le permita disfrutar de su botín. Solo los sociópatas disfrutan de sus crímenes, porque su conciencia se ha vuelto insensible ante todos los estímulos. El resto de nosotros solo podemos tratar de ahogar la voz que insiste en recordarnos nuestros delitos del pasado.

No es posible acordonar esos recuerdos; no se los puede mantener en un lugar del alma, mientras el resto de ella permanece en paz. Usted trata de concentrarse, pero su mente revolotea de vuelta a su conciencia atribulada. David dice: «Mi pecado está siempre delante de mí» (Salmo 51:3). Nuestros pecados —sobre todo ciertas clases de pecados— nos vienen con frecuencia a la mente cuando estamos en la oficina, cuando vamos de regreso a nuestro hogar, e incluso cuando estamos en la iglesia, tratando de adorar.

Nosotros no tenemos la capacidad necesaria para limpiar por completo el corazón humano. No podemos entrar hasta las hendiduras de nuestra psique para poner orden en ella. Los programas de entrevistas y los de televisión «real» proclaman que sacar a la luz nuestros trapos sucios ante millones de personas es una catarsis purificadora, pero eso es como lavar las sábanas con lodo. El corazón humano contaminado no se puede lavar a sí mismo para quedar limpio.

LO QUE HACEMOS NOSOTROS CON NUESTRA CULPA

No podemos olvidar nuestra culpa, ni la podemos limpiar con el licor o las drogas. Por mucho que lo intentemos, no podemos silenciar por completo la voz de la conciencia, porque creemos de manera intuitiva que nos condena una ley superior. Una ley que se halla fuera de nuestro control. Una ley ante la cual tendremos que responder.

Muchas veces tratamos de manejar nuestra culpa a base de compararnos con alguien que es «peor» que nosotros; alguien culpable de pecados más grandes. Tal vez el que se sienta en la oficina de al lado, que engaña a su esposa, o el esposo abusador que vive en nuestra misma calle, o la mujer del departamento de Contabilidad que hace poco salió huyendo con una fuerte cantidad de dinero. Sí, es cierto que hemos hecho unas cuantas cosas malas, *pero mira lo que ellos han hecho.*

A veces tratamos de silenciar nuestra conciencia a base de compensar nuestros pecados con buenas obras. Tengo un amigo que me dijo que cuando era niño, cada vez que cortaba el césped sin que se lo pidieran, su madre le decía: «Bueno, y *ahora*, ¿qué has hecho?». También *hay* quienes realizan trabajo social en la esperanza de que sus buenas obras «empaten» con las malas, a fin de demostrarse ellos mismos que no son tan malos como sus vicios lo indican.

Hay otros que regatean con Dios, tratando de castigarse ellos mismos por sus malas obras. Un hombre que había engendrado un hijo al que nunca había visto, me dijo: Durante veintisiete años creí que no podría ser perdonado a menos que fuera castigado. En las Filipinas, los miembros de una secta conocida como la de los Flagelantes, se someten al mismo tipo de torturas que soportó Cristo. Hay algunos incluso que hacen que los claven en una cruz.

Sin embargo, la voz de la conciencia sigue gritando: *¡Aún hay más que pagar!*

Entre aquellos que se sienten perseguidos por la culpa hay quienes desarrollan la tendencia a los «accidentes», o a algún hábito dañino, albergando el anhelo secreto de morir jóvenes. William Justice habla de un brillante joven que se refería a su costumbre de usar heroína. Cuando Justice le preguntó por qué lo hacía, el joven le contestó: «Usted debería saber la respuesta a esa pregunta sin que yo se la tuviera que decir… Me siento tan mal por algunas cosas que he hecho, que me quiero morir. No tengo valor para tomar y revólver y levantarme la tapa de los sesos, así que lo hago de manera lenta con las drogas. Siento que tengo que pagar por todo lo malo que he hecho»[3].

Justice escribe:

> En algunos, por cada fracaso con el que tienen que convivir, existe la tendencia a castigarse a sí mismos de tal forma, que se produce otro fracaso más. Y cada fracaso produce esta reacción: ¡No debí fracasar! Después de haber fracasado, me castigo de tal manera que produzco una sensación de fracaso mayor aun [4].

Como una bola de nieve que rodara colina abajo, este «ciclo de maldición» va adquiriendo velocidad y aumentando en intensidad. Nuestro juez interior sigue gritando: *¡Más! ¡Más!* Pero por mucho que paguemos, nunca podremos pagar lo suficiente, y todo alivio es temporal en el mejor de los casos, y mortal en el peor de ellos.

LO QUE HACE DIOS CON NUESTRO PECADO

¿Por qué se nos hace tan difícil aceptar el perdón de Dios? En primer lugar, tenemos que seguir conviviendo con las inevitables consecuencias del pecado, los efectos de dominó que han puesto en movimiento nuestras acciones. El hombre que se arrepiente de su adulterio tiene todavía que reconciliarse con su esposa, o enfrentarse al divorcio. El alcohólico perdonado que ha perdido su trabajo, tiene aún que enfrentarse a una vida sin un sueldo. El perdón no trae de vuelta al niño que ha sido abortado. En ocasiones se ha condenado a personas perdonadas a morir en una cámara de gas.

Otra razón por la cual tantos de nosotros somos reacios a aceptar el perdón, es que pensamos que nos merecemos esos sentimientos de culpa. Pensamos: *No es justo que yo esté libre de culpa, siendo el miserable que soy.* Sin embargo, la culpa nunca puede pagar por nuestros pecados. La culpa más atormentadora no nos recomienda ante Dios; no nos hacemos más presentables ante Él a base de soportar las aflicciones que sabemos que nos merecemos. Nuestra culpa no puede añadir nada al valor que tiene la muerte de Cristo en la cruz por nosotros.

A la luz de la gracia de Dios, no es más que arrogancia el que nos aferremos a nuestra culpa. C. S. Lewis lo explica así: «Me parece que si Dios nos perdona, también nosotros nos debemos perdonar a nosotros mismos. No hacerlo sería casi como proclamar que nuestro tribunal es superior al suyo» [5].

Tal vez nosotros nos sintamos atribulados por nuestros pecados que han sido perdonados, pero Dios no. Gracias a la muerte y resurrección de Jesús, nuestros pecados ya perdonados han sido alejados de nosotros de una manera tan total, que ya no significan una barrera para nuestra comunión con el Todopoderoso. Los pecados ya perdonados solo son lo que nosotros les permitimos que sean: O bien les podemos permitir que molesten continuamente nuestra conciencia, o los podemos enviar a donde Dios ya los ha enviado.

Cuando yo tenía unos diez años, mi hermana me dio una Pizarra Mágica. Yo hacía dibujos y escribía cosas en ella; después levantaba la hoja transparente y veía que aquello que yo había escrito desaparecía sin dejar rastros. De igual manera, nuestra vida está escrita en la pizarra de Dios, pero

Él puede borrar las palabras que hemos dicho, los pensamientos en los que nos hemos detenido y las obras que hemos hecho. Sí, permanecerán las consecuencias de nuestras acciones, pero nuestros pecados mismos ya han dejado de ser visibles. Dios los ha apartado de su vista.

La Biblia describe de varias maneras distintas la forma tan maravillosa y total en que Dios se enfrenta a nuestro pecado.

Él cubre nuestros pecados

«Bienaventurado aquel cuya transgresión ha sido perdonada, y cubierto su pecado» (Salmo 32:1). Imagínese dos caminos: Uno es limpio y bien transitado; el otro es desastroso y tiene unos profundos surcos que van a parar a una zanja. Cuando una fuerte nevada cubre ambos caminos, los dos quedan igualmente cubiertos. Así mismo, Dios cubre nuestros pecados grandes y pequeños por igual: «Si vuestros pecados fueren como la grana, como la nieve serán emblanquecidos; si fueren rojos como el carmesí, vendrán a ser como blanca lana» (Isaías 1:18).

David pidió en su oración que Dios lo lavara «más blanco que la nieve». Me he preguntado muchas veces cómo es posible que haya algo que sea más blanco que la nieve, con su deslumbrante resplandor. Entonces supe que los copos de nieve se crean cuando unas partículas de polvo llamadas *núcleos* atraen a la humedad, que se cristaliza. La nieve que a nosotros nos parece totalmente pura, en realidad tiene trazas de contaminación visibles al microscopio. Cuando Dios nos perdona, quita de nosotros todo rastro de impureza; no hay contaminación en la hermosa justicia que se nos acredita.

Charles Spurgeon ilustró en un conmovedor sermón hasta qué extremos llega Dios para cubrir nuestros pecados:

> El ser humano amontona una montaña de pecado, pero Dios la iguala y amontona una montaña mayor aun de gracia; el ser humano amontona una montaña [mayor aun] de pecado, pero el Señor la supera con una cantidad de gracia diez veces mayor; y así continúa la competencia hasta que al fin, el Dios todopoderoso arranca las montañas por sus raíces y sepulta el pecado del ser humano debajo de ellas, como si fuera una mosca que quedara sepultada debajo de los Alpes. La abundancia de pecado no es barrera para la superabundancia de la gracia divina[6].

Él aleja nuestros pecados

«Cuanto está lejos el oriente del occidente, hizo alejar de nosotros nuestras rebeliones» (Salmo 103:12). Un hombre que había cometido adulterio me dijo que, a pesar de haberlo perdonado, su esposa «cada vez que tenían una discusión le frotaba la nariz en el lodo». Dios no nos frota la nariz en el lodo. Es más, ha alejado de su vista ese lodo. Aunque sus pecados sigan existiendo en su mente, no están ya en la de Él. Esto es lo que dice: «Yo deshice como una nube tus rebeliones, y como niebla tus pecados» (Isaías 44:22).

Un hombre caminaba por la arena junto a la orilla del mar, y al mirar atrás, se maravilló de la forma en que sus pasos se habían desviado en uno u otro sentido. *Lo mismo que mi vida*, pensó; *todos mis pasos han sido torcidos*. Sin embargo, horas más tarde, cuando volvió al lugar donde se alojaba, no pudo hallar rastros de las pisadas que había dejado. La marea había subido y había borrado las marcas en la arena. La húmeda superficie limpia que tenía ante sí le recordaba que no tenía que permitir que su pasado controlara su futuro. Se le había dado una segunda oportunidad.

El profeta Miqueas escribió esto acerca de la asombrosa gracia de Dios: «Él volverá a tener misericordia de nosotros; sepultará nuestras iniquidades, y echará en lo profundo del mar todos nuestros pecados» (Miqueas 7:19). En otras palabras, Dios arroja nuestros pecados en lo más profundo del mar azul y después pone un letrero que dice: PROHIBIDO PESCAR.

Él nos limpia la conciencia

David, perturbado por una conciencia atribulada, oró diciendo: «Lávame más y más de mi maldad, y límpiame de mi pecado… Purifícame con hisopo, y seré limpio; lávame, y seré más blanco que la nieve» (Salmo 51:2, 7).

He aquí una promesa que todos nos deberíamos saber de memoria: «Si confesamos nuestros pecados, él es fiel y justo para perdonar nuestros pecados, y limpiarnos de toda maldad» (1 Juan 1:9). Observe en este texto que recibimos dos bendiciones cuando confesamos nuestros pecados: (1) Somos perdonados: en un sentido objetivo, se aparta de nosotros nuestro pecado, y (2) en sentido subjetivo, somos purificados; es decir, nuestra conciencia profanada queda limpia.

«¿Qué puedo hacer con mi corazón culpable?», me preguntó una dama. «No puedo tomar un estropajo de acero para frotarlo». Tenía razón. Ni el detergente más fuerte de todos es capaz de llegar hasta el fondo de nuestra conciencia. No hay cura alguna para las lamentaciones profundas, la separación de Dios o el desprecio a sí mismo. Solo Dios puede alcanzar hasta lo más profundo de nuestra psique para dejarla limpia.

Una mujer que había sido inmoral en su juventud, sufría aún por la culpa y la aflicción que sentía a causa de sus pecados del pasado. «Estoy seguro de que usted ya ha confesado sus pecados», le dije.

«Sí, claro; esos pecados los he confesado mil veces», me respondió.

Yo le señalé que no podemos limpiar nuestra conciencia a base de confesar los mismos pecados una y otra vez. En realidad, el mismo acto de «reconfesar» es prueba de que nos falta fe en que Dios sea «fiel y justo para perdonar».

Cada vez que regresen las incómodas punzadas de la culpa, debemos reafirmar que nuestros pecados ya han sido perdonados. La culpa tiene su propósito, porque nos lleva a confesarle a Dios nuestros pecados, pero una vez que hemos aceptado su perdón, deja de tener utilidad. Dios dice que usted ha sido perdonado. En cambio, a Satanás le encanta seguir molestando nuestra conciencia.

Entonces, ¿a quién va a creer usted?

En esta lucha *tenemos* que ponernos del lado de Dios.

Durante sus tentaciones en el desierto, Jesús usó las Escrituras para callar al enemigo. Cuando Satanás nos susurre sus acusaciones al oído, necesitaremos responderles, tanto a él como a nuestra conciencia, con la Palabra de Dios. Le sugiero que se aprenda de memoria el Salmo 32 y lo cite con frecuencia.

Él olvida nuestros pecados

Dios dice acerca de sí mismo: «Yo, yo soy el que borro tus rebeliones por amor de mí mismo, y no me acordaré de tus pecados» (Isaías 43:25). Esto no quiere decir que Dios se pase la vida en una actitud de negación, como es tendencia en nosotros, los seres humanos. Decir que Dios no recuerda nuestros pecados significa que ya no los tiene en cuenta. Ya no son un problema entre Él y nosotros. El profeta Isaías escribe: «A ti agradó librar mi vida del hoyo de corrupción; porque echaste tras tus espaldas todos mis pecados» (Isaías 38:17).

Yo he escrito libros a mano, pero me gustan mi computadora y mis programas para el procesamiento de textos, sobre todo por unas ventajas tecnológicas como la tecla de «borrar». (La tuve que usar dos veces mientras escribía el párrafo anterior). Pasaría una gran vergüenza si todo lo

que he escrito se imprimiera tal como lo escribí
originalmente. A cada instante estoy escribiendo
con faltas de ortografías, componiendo oraciones
gramaticales mal formadas y lanzando ideas que
necesitan refinamiento. Mi tecla de borrar me
salva la vida.

También me siento agradecido de que Dios
haya apartado de nosotros nuestros pecados, y
haya oprimido la tecla de «borrar».

UNA AMPLIA COBERTURA

O le permitimos a Dios que cubra nuestros pecados, o lo más probable es que nos pongamos
a hacer todo lo que podamos para *cubrirlo nosotros*. Mencionamos la figura bíblica de David,
y la mayor parte de la gente lo recuerda como
el joven que mató a Goliat y más tarde, siendo
rey, cometió adulterio. Cuando David supo que
Betsabé estaba encinta de un hijo suyo, ¿confesó
su pecado? No; primero trató de engañar a Urías
el heteo, esposo de Betsabé, para que creyera que
el niño era suyo. Cuando aquel plan fracasó, hizo
que lo mataran. Nadie ha hecho jamás algo peor
para cubrir su pecado, y sin embargo, no ha ha-
bido pecado alguno de ningún hombre que haya
sido dado a conocer con mayor claridad.

Nuestras mentiras, nuestra justificación de lo que hacemos, nuestras comparaciones con los demás, favorables a nosotros mismos... Es imposible exagerar la cantidad de energía mental dedicada a manejar nuestra culpa por medio de negaciones, de silencios inadecuados y de fingimientos. Sin embargo, Dios nunca se hace cómplice de nuestros encubrimientos: «El que encubre sus pecados no prosperará; mas el que los confiesa y se aparta alcanzará misericordia» (Proverbios 28:13).

Mientras más tiempo seamos poco honrados con Dios, con los demás y con nosotros mismos, más tiempo estaremos posponiendo las bendiciones de Dios. En su clásica alegoría *El progreso del peregrino*, Juan Bunyan compara el pecado con una carga sobre la conciencia que solo Dios puede quitar. No le estamos haciendo a Dios favor alguno cuando tratamos de manejar nuestros pecados por nuestra propia cuenta. En cambio, lo honramos cuando admitimos que no solo necesitamos su ayuda, sino también su intervención. Una conciencia limpia es un don que solo Él puede dar.

En última instancia, los pecados perdonados solo tienen tanto poder como el que les permitamos que tengan. O tanto poder como el que le permitamos tener con ellos a Satanás. Sí, es posible que nos vengan a la mente los recuerdos de nuestros pecados. Es posible que sintamos algo de la vieja culpa y la condenación de nosotros mismos. Pero debemos responder a todo esto afirmando: *Dios ha hablado sobre este asunto, y yo creo su Palabra.*

La mujer que se ha hecho un aborto y ha sido perdonada, debe afirmar que su pecado ha sido cubierto, quitado y olvidado por nuestro amoroso Dios. También lo deben hacer el alcohólico convertido y el criminal arrepentido.

Hace un par de años, uno de mis estudiantes me entregó este poderoso relato escrito por Joshua Harris:

> En ese lugar intermedio entre estar despierto y estar soñando, me encontré en un cuarto. No había rasgos distintivos, con la excepción de una pared cubierta de pequeños archivos de tarjetas con índice.
>
> Eran como los que hay en las bibliotecas con las listas de los títulos por autor o por tema en orden alfabético. Pero esos archivos, que iban desde el suelo hasta el cielo raso y parecían no tener fin en ninguna dirección, tenían unos encabezamientos muy diferentes…

Yo sabía exactamente dónde estaba. Aquel cuarto sin vida, con sus pequeños archivos, era un primitivo sistema de catálogo sobre mi vida. Allí estaban escritas las acciones mías en todos los momentos, tanto grandes como pequeñas, con un detalle que mi memoria no podía igualar.

Dentro de mí sentí que se agitaba una sensación de asombro y curiosidad, unida a un verdadero horror, a medida que comencé a abrir al azar aquellos archivos y explorar su contenido. Algunos me producían gozo y dulces recuerdos; otros me hacían sentir una vergüenza y un pesar tan intensos, que miraba por encima del hombro para ver si alguien me estaba observando...

Los títulos iban desde lo más común y corriente hasta lo abiertamente insólito: «Libros que he leído», «Mentiras que he dicho», «Consuelo que he dado, «Chistes que he reído». Algunos eran casi de risa por su precisión: «Cosas que les he gritado a mis hermanos». Otros no me hacían reír en absoluto: «Cosas que he hecho estando furioso», «Cosas que he mascullado entre dientes acerca de mis padres». Todos estaban escritos de mi puño y letra. Todos llevaban mi propia firma.

Cuando saqué el archivo llamado «Cantos que he escuchado», lo cerré avergonzado, no tanto por la calidad de la música como por la inmensa cantidad de tiempo que ese archivo representaba.

Al llegar a un archivo marcado como «Pensamientos lujuriosos», un escalofrío me recorrió el cuerpo. Solo saqué el archivo un par de centímetros porque no estaba dispuesto a comprobar su tamaño, y saqué una tarjeta… Me sentí enfermo al pensar que un momento así había quedado registrado.

De repente sentí una rabia casi animal. Un pensamiento me dominó la mente: *Nadie debe llegar a ver jamás estas tarjetas. Las tengo que destruir.* En un loco frenesí, saqué de un golpe el archivo. Lo tenía que vaciar y quemar las tarjetas. Pero cuando tomé el archivo por un extremo y lo comencé a golpear contra el suelo, no pude sacar ni una sola tarjeta. Me desesperé y tiré de una tarjeta, pero solo pude descubrir que era tan fuerte como el acero cuando traté de hacerla pedazos.

Derrotado y totalmente desvalido, dejé escapar un largo suspiro de compasión por mi propia persona. Y entonces lo vi. El título decía: «Personas con las que he compartido el Evangelio». El asa era más brillante que las otras que la rodeaban; más nueva, casi sin usar. Tiré del asa y me cayó en las manos una cajita que no tendría más de siete u ocho centímetros de largo. Una sola mano me bastó para contar las tarjetas que contenía.

Comencé a llorar. Eran unos sollozos tan profundos, que el dolor me comenzaba en el estómago y me estremecía todo el cuerpo. Caí de rodillas y lloré. Lloré de vergüenza; lloré por la abrumadora vergüenza que todo aquello me producía. Las filas de estantes llenos de archivos danzaban ante mis ojos llenos de lágrimas. Nadie debía llegar a conocer jamás la existencia de aquel cuarto. Lo tenía que cerrar con candado y esconder la llave.

Pero entonces, mientras me secaba las lágrimas, lo vi a Él. *No; por favor; Él no. Aquí no. Oh; cualquiera menos Jesús.*

Lo observé sin poder hacer nada, mientras Él comenzaba a abrir los archivos y leer las tarjetas. No podía soportar el estar observando su reacción. Y en los momentos en que me pude permitir mirarlo al rostro, vi una angustia más profunda que la mía…

Por último, se volvió y me miró desde el otro extremo del cuarto. Me miró con lástima en los ojos. Yo dejé caer la cabeza, me cubrí el rostro con las manos y comencé a llorar de nuevo. Él se me acercó y me rodeó con un brazo. Son muchas las cosas que me habría podido decir, pero no dijo ni una sola palabra. Solo lloró conmigo.

Entonces se levantó y volvió a la pared de los archivos. Mirando hacia un extremo del cuarto, sacó un archivo y, una tras otra, comenzó a poner su firma sobre la mía en cada tarjeta.

«¡No!», grité, corriendo hacia Él. Todo lo que pude decir fue «No, no», mientras le quitaba la tarjeta. Su nombre no debía figurar en esas tarjetas. Pero allí estaba, escrito en rojo tan rico, tan fuerte, tan lleno de vida. El nombre de Jesús cubría al mío. Estaba escrito con su propia sangre.

Delicadamente, recuperó la tarjeta. Me dirigió una triste sonrisa y siguió firmando las tarjetas. No creo que pueda llegar a comprender jamás cómo lo hizo con tanta rapidez, pero me pareció que en un instante lo oía cerrar el último archivo y volver a caminar hacia mí. Me puso la mano en el hombro y me dijo: «Ya está terminado».

Me levanté, y Él me sacó del cuarto. En la puerta no había cerradura. Aún quedaban tarjetas por escribir [7].

Dios no está enojado con nosotros; somos nosotros los que estamos enojados con nosotros mismos. A la persona que dice: «Puedo aceptar el perdón de Dios, pero no me puedo perdonar a mí mismo», yo le digo esto: Si el Dios del universo dice que usted ha sido perdonado, ¿quién es usted para no perdonarse a sí mismo? Dios conoce su situación. Él sabe lo que usted ha hecho, y cuáles son las consecuencias de sus actos. Y Él puede realizar la tarea de librarlo del odio a sí mismo que tal vez lo esté destruyendo.

Permítame sugerirle que ore ahora mismo, insistiendo en que está aceptando la palabra dada por Dios. «Mas cuando el pecado abundó, sobreabundó la gracia» (Romanos 5:20).

CAPÍTULO CUATRO

¡ASÍ QUE LO HA HECHO DE NUEVO!

«No puedo volver a Dios con *ese pecado* una vez más. ¿Por qué habría de creer que Él me lo va a perdonar *de nuevo*?»

Esas fueron las palabras de un joven cristiano que le había prometido a Dios que si le perdonaba su aventura de una noche con una joven que apenas conocía, nunca volvería a hacer algo así. Le había suplicado a Dios que lo perdonara, y aunque luchaba con sus recuerdos su conciencia había dejado de sentir el peor de sus tormentos. Pero ahora, menos de una semana más tarde, se hallaba de nuevo en la misma situación. Había quebrantado su promesa de «no volverlo a hacer nunca más», lo cual había aumentado su sentido de culpa y su remordimiento. Este joven también se estaba comenzando a dar cuenta de que no podía confiar en sí mismo, porque todo parecía indicar que lo volvería a hacer.

Así que, ¿cuántas veces podemos contar con el perdón de Dios?

Hemos aprendido que cuando aceptamos a Cristo como Salvador, Dios nos quita todos nuestros pecados. Sin embargo, como creyentes, debemos confesar los pecados de los que nos damos cuenta para poder disfrutar de comunión con el Omnipotente. La confesión es una disciplina que nos exige nuestro Padre celestial para que tengamos una conciencia limpia y vivamos en obediencia a lo que Él espera de nosotros.

La repetición del mismo tipo de conducta pecaminosa es sumamente desalentadora. ¿Quién de nosotros no le ha dicho a Dios que si Él lo perdona solo *una vez más*, nunca lo volverá a hacer… solo para volver a fracasar de nuevo? Un hombre que al parecer no podía dejar de malgastar su cheque en apuestas me dijo: «Mi vida cristiana se halla paralizada. Tengo la esperanza de volver a tener comunión con Dios algún día, cuando sepa que me puedo mantener sin regresar a la adicción que domina mi vida».

Este capítulo no tiene por propósito hablar de la forma en que podemos dejar de repetir las mismas formas de conducta destructora; ese tema sería objeto de otro libro. Mi meta aquí es más modesta. Simplemente, tengo la esperanza de responder a la pregunta sobre si le debemos seguir pidiendo a Dios que nos perdone durante esas temporadas en las que andamos dando vueltas, cayendo una y otra vez en el mismo desastre.

COMO CORDEROS A TIERRAS DE PASTOS

Todos los cristianos hemos pasado por batallas con pecados repetidos. El Nuevo Testamento describe estas batallas con un lenguaje muy gráfico:

> Porque el deseo de la carne es contra el Espíritu, y el del Espíritu es contra la carne; y éstos se oponen entre sí, para que no hagáis lo que quisiereis.
> GÁLATAS 5:17

Aun siendo creyentes, nuestra alma es el escenario donde el espíritu y la carne, la luz y las tinieblas, el bien y el mal, luchan por tomar el control. La buena noticia es que cuando aceptamos a Cristo como Salvador, nuestros anhelos más profundos quedan transformados, de manera que amamos aquello que antes nos importaba muy poco.

Medite en esta ilustración bíblica: La oveja es un animal limpio, que evita la basura y constantemente está tratando de mantenerse limpio. Es más, prefiere las aguas tranquilas a las aguas en movimiento para poder beber sin mojarse la lana. En cambio, el cerdo es un animal sucio al que le encantan la basura y el lodo. Podemos lavar a un cerdo, vestirlo de esmoquin y llevarlo a un corral limpio, que el cerdo hallará la forma de mancharse en cuando volvamos la espalda. No obstante, si pudiéramos tomar la naturaleza de un cordero para implantársela al cerdo, este animal quedaría transformado de dentro hacia fuera. Pronto estaría buscando todas las formas posibles de evitar los charcos de lodo y acercarse a la parte más verde de los pastos.

De igual manera, cuando nosotros «nacemos de nuevo», Dios nos cambia por dentro, y cambian así nuestros apetitos y nuestras motivaciones. Comenzamos a amar a Alguien al que no hemos visto. Y mientras mayor sea nuestro amor por el Señor, más profundamente nos lamentaremos cuando veamos que lo ofendemos pecando. De hecho, nuestra mayor motivación a llevar una vida santa será que no queremos desagradar a Aquel a quien amamos.

No obstante, los cristianos podemos pecar y pecamos, y a veces muy seriamente. Pero el «factor de infelicidad» que aparece después de nuestro pecado aumenta de una manera notable. Vivir en una violación consciente de la voluntad de nuestro Padre nos hace sentir infelices. Nos desagrada intensamente nuestra conducta, y la repetición de nuestro pecado se convierte en una inmensa carga para nosotros. Así que, cuando cometemos los mismos pecados que cometen los que no son cristianos, estamos actuando en contra de lo que somos. Sabemos que estamos viviendo más como hijos de la carne cuando, en realidad, somos hijos de Dios.

Pero —y esto es importante— por muy frecuentemente que lo echemos todo a perder, debemos regresar al Padre. Nunca debemos permitir que nuestros fallos nos mantengan alejados del perdón que Él nos concede en su gracia.

LISTOS PARA CONFESAR

Después de haber fallado, nos enfrentamos a una decisión: ¿Nos encerramos en nosotros mismos, con la esperanza de poder enfrentarnos por nuestra cuenta y riesgo al fracaso y aceptar las consecuencias que se nos presenten, o regresamos al Padre para pedirle perdón una vez más? ¿Regresamos a Él, aunque sospechemos que no va a ser la última vez que le vamos a tener que pedir perdón por esta forma determinada de conducta necia?

En realidad, los cristianos no podemos escoger aquí. Tenemos que regresar al Padre tan pronto como podamos, en humilde confesión. No podemos permitir que nuestros pecados nos aparten de Dios, sino que necesitamos usarlos para que nos acerquen a Él. Podemos juzgar lo alejados que estamos en nuestra vida espiritual por el tiempo que dejamos pasar entre el momento en que fallamos y el momento en que regresamos a Dios en confesión.

Nosotros decimos: «Señor, ¿cómo voy a poder enfrentarme a ti de nuevo con el mismo pecado?». Pero Él nos contesta: «¿Qué pecado? Yo saqué de mi vista tus pecados. Tengo que decir que tienes mejor memoria que yo».

Nunca debemos permitir que los pecados se enconen dentro de nuestra conciencia. Nos debemos apresurar a acudir al Padre, arrepentidos de haberlo desobedecido, pero sabiendo que le causaremos un disgusto mayor aun si no acudimos humildemente ante Él para pedirle perdón. Es mejor regresar mil veces al Padre, que quedarse alejado de Él, esperando un momento más adecuado para arrepentirnos.

Mientras más deliberado sea el pecado, más sabremos que hemos tratado con desprecio a nuestro Padre. Pero no podemos permitir que nuestro pesar impida que le pidamos la restauración de nuestra comunión con Él. El pecado consciente exige una confesión inmediata y de corazón.

Volvamos una vez más a esta promesa: «Si confesamos nuestros pecados, él es fiel y justo para perdonar nuestros pecados, y limpiarnos de toda maldad» (1 Juan 1:9).

¿Qué significa eso de «confesar nuestros pecados»?

Confesar significa que proclamamos estar *de acuerdo* con Dios. Estamos de acuerdo con Él en que hemos pecado. Estamos de acuerdo en que somos responsables de nuestros pecados. Y estamos de acuerdo en que Dios tiene el derecho de librarnos de ese pecado. Confesar significa acudir a Dios sin tratar de justificarnos a nosotros mismos, sin echarles la culpa a otros y sin dar excusas (por cuidadosamente fabricadas que sean).

Una señora de un lugar pobre llevó la ropa sucia de su casa al río, donde las mujeres del poblado lavaban la ropa de su familia. Estaba tan avergonzada de su ropa sucia delante de las demás, que la dejó en el canasto y metió el canasto en el agua varias veces antes de volver a su hogar. Algunas veces, esta es la forma en que confesamos nuestros pecados. Preferimos hacer una admisión general de culpa sin hacer una lista de los detalles de nuestros delitos. Pero Dios nos exige una sinceridad total. Eso lleva algún tiempo, así como una gran dosis de sumisión, pero sin esto, nuestra conciencia va a seguirse sintiendo incómoda.

El peligro está en que vamos a tratar de hallar dentro de nosotros mismos alguna razón por la cual Dios nos debe perdonar. Nos sentimos tentados a pensar: *En realidad, en el fondo soy una buena persona. Lo que hice fue malo, pero hay otros que son peores que yo.* O bien, tal vez pensemos: *El domingo me sentí maravillosamente bien durante la adoración; eso demuestra que mi fallo no tiene que ver en realidad con lo que yo soy.*

No. Nos tenemos que acercar con el sombrero en la mano, sin hacer comparaciones ni racionalizaciones y sin buscar excusas. Acudimos a Él para recibir una gracia que no merecemos *en ningún sentido.*

Después de haber confesado nuestros pecados, debemos decir: «Padre, Jesús es mi justicia. No me mires a mí, porque soy pecador.

Solo mírame como miras a Jesús». Al fin y al cabo, esta es la razón por la cual Dios nos puede aceptar de nuevo después de haber fallado mil veces.

> Poned la mira en las cosas de arriba, no en las de la tierra. Porque habéis muerto, y vuestra vida está escondida con Cristo en Dios.
>
> COLOSENSES 3:2-3

Verá. Si hemos aceptado que Cristo sea nuestro Salvador, Dios decide aceptarnos como si fuéramos su propio Hijo. Las buenas obras de Jesús nos son atribuidas como si fueran nuestras; sus perfecciones se convierten también en nuestras. Confesar significa admitir plenamente una vez más que, gracias a Jesús, nuestra comunión con Dios, que estaba rota sin esperanza alguna, ha sido restaurada por completo.

¿Y si hemos cometido pecados de los cuales no somos conscientes? Si confesamos aquellos que Dios nos pone delante, Él nos perdonará los otros que no recordamos, o no reconocemos: «Pero si andamos en luz, como él está en luz, tenemos comunión unos con otros, y la sangre de Jesucristo su Hijo nos limpia de todo pecado» (1 Juan 1:7).

La confesión continua es la senda de la comunión constante, y es la senda del crecimiento constante en nuestra vida y experiencia como cristianos. El hecho de que mantengamos al corriente nuestras cuentas con nuestro Padre demuestra que lo amamos y respetamos. Él toma en serio nuestros pecados, y nosotros también los debemos tomar en serio.

Por graves que sean nuestros pecados, nunca debemos titubear en cuanto a regresar al Padre una y otra vez. Cada vez que lo hagamos, recibiremos de Él el perdón y la gracia que nos van a ayudar en tiempos de necesidad. En el corazón de Dios hay más gracia, que pecado hay en nuestro pasado. Spurgeon lo expresa de esta forma: «Dios está más dispuesto a perdonarme, que yo a ofenderlo».

Una advertencia

Puesto que Dios está tan dispuesto a perdonarlo, ¿acaso no se convierte así el pecado en algo en lo que hay seguridad?

«Si peco en grande, podré ser perdonado en grande y hablar de la gracia de Dios también en grande». Así hablaba un joven cristiano, al tratar de justificar sus relaciones sexuales con una mujer casada. Sabía que había creado un desastre, pero no podía ver razón alguna para dejar de hacer lo que estaba haciendo.

Cuando nos sintamos tentados a pecar contando con la misericordia de Dios, estaremos en peligro de aprovecharnos deliberadamente de la gracia divina. Le tenemos que agradecer que nos invite a volver de inmediato a la comunión con Él, pero también nos tenemos que apartar de la presunción; de la idea de que podemos tomar el pecado a la ligera a causa de la gracia de Dios.

El apóstol Pablo sabía que al enseñar lo que es la gracia se corría el riesgo de dar la impresión de que los cristianos tenemos licencia para pecar. Temía que algunos dijeran que, puesto que el perdón era gratuito, se podía disfrutar del pecado sin preocupaciones indebidas. Es como lo expresaba el hombre que estaba engañando a su esposa: «Por supuesto, Dios me va a perdonar. ¡Este es su oficio!». Sí, habrá quienes traten de aprovecharse de la abundante gracia divina. Pero la respuesta no está en reducir al mínimo el valor de la gracia; tenemos que comprender lo que la gracia está llamada a realizar en nuestra vida.

Pablo escribe: «Porque vosotros, hermanos, a libertad fuisteis llamados; solamente que no uséis la libertad como ocasión para la carne, sino servíos por amor los unos a los otros» (Gálatas 5:13). La gracia debe crear en nosotros una pasión por Cristo que sea mayor que nuestra pasión por el pecado. Cuando se la entiende de la forma debida, nos impulsa a la santidad y no al descuido en nuestro caminar con Dios. Al igual que haría cualquier padre bueno, Dios nos disciplina cuando nos extraviamos. No solo nos hace sentir las consecuencias de nuestro pecado, sino que su Espíritu Santo nos recuerda una y otra vez que debemos regresar de nuestro descarrío y acercarnos a nuestro Padre que espera nuestra obediencia.

El que tomemos por segura su gracia puede tener serias consecuencias:

> No os engañéis; Dios no puede ser burlado: pues todo lo que el hombre sembrare, eso también segará. Porque el que siembra para su carne, de la carne segará corrupción; mas el que siembra para el Espíritu, del Espíritu segará vida eterna. No nos cansemos, pues, de hacer bien; porque a su tiempo segaremos, si no desmayamos.
>
> Gálatas 6:7-9

Dios ha investido de ciertas consecuencias a nuestras obras. Si preferimos servirnos a nosotros mismos, experimentaremos una serie de resultados; si decidimos servir a Dios, recibiremos otro conjunto de resultados.

Como todo jardinero aficionado sabe, la tierra nos da lo que sembremos en ella. Sembramos para la carne cuando vemos programas de televisión sensuales que agitan pasiones lujuriosas; sembramos para la carne cuando recurrimos a la ira para resolver los conflictos; sembramos para la carne cuando permitimos que sea el amor al dinero el que nos dicte nuestros valores y nuestro estilo de vida. Recuerde que no siempre la confesión y el perdón detienen la cosecha. Hay ciertas semillas que, una vez sembradas, producen frutos amargos, aunque hayamos confesado nuestro pecado.

Lamentablemente, cuando somos tentados a pecar, la mayoría de las consecuencias se mantienen escondidas. Sembramos en un momento y cosechamos en otro. Hay algunas cosas que son ciertas: En primer lugar, el pecado produce una paga; en segundo lugar, entrega esa paga, y en tercer lugar, *insiste* en pagar (vea Romanos 6:23). Y cuando termine nuestra vida, podemos estar seguros de que recogeremos algún tipo de cosecha, porque esa cosecha es algo inevitable:

«De manera que como se arranca la cizaña, y se quema en el fuego, así será

en el fin de este siglo. Enviará el Hijo del
Hombre a sus ángeles, y recogerán de su
reino a todos los que sirven de tropiezo,
y a los que hacen iniquidad, y los echarán
en el horno de fuego; allí será el lloro y
el crujir de dientes. Entonces los justos
resplandecerán como el sol en el reino de
su Padre. El que tiene oídos para oír, oiga».
Mateo 13:40-43

Mientras tanto, tal vez no podamos cambiar la
cosecha del año pasado, pero si sembramos las semillas que debemos sembrar, podremos cambiar la
cosecha *del año próximo*. Podemos practicar aquellas disciplinas que fortalezcan nuestra relación
con el Padre. Sembramos para el Espíritu cuando
decidimos convertir a Dios en la influencia moti-
vadora de nuestra vida y adorarlo como la pasión
de nuestro corazón. Sembramos para el Espíritu
cuando leemos la Biblia y nos reunimos con el
pueblo de Dios. Sembramos para el Espíritu cuando nos sometemos por completo a la voluntad de
Dios sobre nuestra vida.

Cuando nos alejemos de la carne y corramos
de vuelta a sus brazos que nos esperan abiertos,
podremos estar agradecidos de que nuestro Padre
nunca rechace a sus hijos extraviados.

CAPÍTULO CINCO

LA RECONCILIACIÓN CON LOS QUE HEMOS HERIDO

«¡Dios, nunca vas a lograr eso de mí!» Esas fueron las palabras de un hombre cristiano al que un consejero le dijo que se debía humillar a pedirles perdón a sus hijos por su mal carácter y sus años de una disciplina inestable. Al principio, el hombre se resistió ante la idea, alegando que así estaría manifestando debilidad. «¡Los hombres de verdad no hacen esas cosas!», protestaba. No obstante, Dios terminó «atrapándolo». Hasta su hijo mayor, el más rebelde de todos, lo abrazó mientras él lloraba cuando se reconciliaron.

Ese es el poder que tiene una confesión humilde y amorosa.

El pecado siempre divide; la gracia siempre une.

Todo el que ha recibido el perdón de Dios se debe sentir fuertemente motivado a reconciliarse con aquellos a quienes ha herido. La búsqueda de la reconciliación tiene su fundamento en el ser mismo de Dios, y los que se han reconciliado con Él deben tratar de reconciliarse con los demás. Es más, no es posible hallarse en una comunión genuina con Dios sin querer estar en comunión con los demás. Mientras más profunda sea la obra de Dios en el corazón humano, más profundo será nuestro anhelo de lograr una reconciliación.

Al fin y al cabo, si somos hijos de Dios, todos pertenecemos a la misma familia. Si alguien se halla en mala relación con alguien de quien no es pariente, casi siempre eso lo incomoda menos que cuando hay unas diferencias insuperables dentro de su propia familia. Somos hermanos y hermanas en Cristo, y hay pocas cosas que merezcan más nuestras lágrimas que cuando la familia de Dios se encuentra destrozada por las luchas y el hervor de la amargura.

En una iglesia había dos hermanos que no se habían dirigido la palabra durante más de veinte años a causa de una pequeña desavenencia. Hasta entraban y salían por puertas distintas. Finalmente,

uno de ellos se acercó al otro para pedirle perdón.
El pastor los llevó a los dos al sótano de la iglesia,
donde los diáconos oraron por ellos durante una
sesión de consejería. Todo el proceso fue difícil,
pero el perdón fue genuino. Al siguiente domingo,
los dos hombres cantaron juntos un dúo. Después,
relataron su historia delante de una iglesia repleta,
y Dios usó aquel momento para comenzar una re-
novación espiritual en toda la congregación. Finalmente, hubo un efecto de dominó que extendió
este avivamiento a otras iglesias de la zona.

Algunas veces, cuando pedimos perdón, se
producen unos resultados inesperados.

Un hombre se divorció de su esposa para
casarse con la mujer que había sido su compañera
de adulterio. Años más tarde, después de haber
tenido varios hijos con su nueva esposa, el
hombre supo que estaba sufriendo de un cáncer
mortal. La realidad de la muerte que se acercaba
lo animó a hacer lo que habría debido suceder
mucho tiempo antes: Le pidió a su ex esposa
que le perdonara el pecado que había cometido
contra Dios y contra ella. En cuanto a su esposa
actual, no estaba en condiciones de cuidar de sus
hijos a causa de una enfermedad mental cada
vez más complicada. Así que aquella mujer, la ex
esposa, no solo perdonó a su ex esposo adúltero,
sino que también adoptó a sus hijos y los amó

como si fueran suyos. Esto es lo que decía: «Los acepto como un regalo de Dios… y los recibo como Jesús me ha recibido a mí».

Ese es el poder del perdón.

Pablo dijo: «Procuro tener siempre una conciencia sin ofensa ante Dios y ante los hombres» (Hechos 24:16). Usted y yo deberíamos estar en capacidad de mirar a cualquiera a los ojos y saber que hemos hecho todo lo que ha estado a nuestro alcance para reconciliarnos con esa persona. La conciencia tranquila es un tesoro de un inmenso valor y la debemos buscar a cualquier precio. El cristiano verdaderamente comprometido sabe que no puede tener una comunión ininterrumpida con Dios si no ha hecho todos los esfuerzos que le han sido posibles para tener una comunión ininterrumpida con los demás seres humanos.

Ahora bien, después de haber causado el desastre, ¿a quién le debemos pedir disculpas? ¿Qué decir? ¿Qué hacer cuando fallamos?

La responsabilidad es suya

Necesitamos tomar la iniciativa de confesarles nuestros fallos a aquellos a quienes les hemos hecho daño. Supongamos que hay una ruptura entre usted y otra persona, y usted se siente totalmente convencido de que tiene veinte por ciento de la culpa, mientras que, en su opinión, la otra persona es responsable del ochenta por ciento restante del problema. Su inclinación natural lo lleva a pensar que es *el otro* el que debe acercarse a usted para reparar sus relaciones. Sin embargo, le voy a decir esto con toda claridad: *Usted debe tratar su veinte por ciento como si fuera todo el ciento por ciento.* El responsable por su parte en la ruptura es usted, tanto si es una parte grande, como si es pequeña.

Tal vez su confesión sea el puente que va a atravesar la otra persona para pedirle perdón a usted a su vez. Muchas veces, nuestros esfuerzos por enderezar las situaciones conmueven a otros en su espíritu, moviéndolos a hacer lo mismo. Ahora bien —y esto es importante—, nosotros tenemos que estar dispuestos a dar el primer paso, cualquiera que sea la respuesta de la otra persona. Debemos limpiar la parte que nos toca en la situación, sin implicar al que nos ha ofendido. Debemos tratar nuestra parte menor como si fuera el problema *entero*; entonces, debemos poner a la otra persona en las manos de Dios, sin tomar su responsabilidad sobre nosotros mismos.

Y cuando confesemos el mal que hemos hecho, no debemos utilizar esa pequeña palabra condicional «*si*». No diga: «*Si* te he herido...». No finjamos que podríamos estar equivocados acerca de la situación, cuando en realidad conocemos muy bien nuestra culpa. En lugar de esto, debemos limitarnos a decir: «Te he ofendido, y he venido a pedirte perdón». Entonces, debemos aclarar de qué forma hemos herido a la otra persona, para que no quede duda alguna acerca de la cuestión que se está resolviendo. Después, debemos añadir: «Tengo la esperanza que encuentres en tu corazón el deseo de perdonarme».

Lo que nos gustaría escuchar es un «Sí, te perdono». Pero la mayoría de las personas evitan decir esas palabras, porque no quieren expresar con claridad que perdonan. Lo más probable es que digan algo como «No tiene importancia». Sin embargo, no nos debemos sentir satisfechos. Haga una pausa y diga: «Bueno, para mí sí la tiene. De veras necesito oírte decir las palabras "Te perdono"».

Recuerde que algunas personas van a sentirse reacias en cuanto a perdonarlo, porque cuando limpien el historial de usted, se habrán quedado con la desagradable tarea de ocuparse de su propio historial. Es como quitar el peso que hay en su lado del columpio; ahora les queda enfrentarse con su propia participación en la ofensa.

Si la persona le dice: «No sé si te puedo perdonar», pídale que le haga saber cuándo va a estar lista para hacerlo. Y si no lo perdona, por lo menos sabrá que ha hecho cuanto ha podido para arreglar la parte que le corresponde en la ofensa. Gracias a ese conocimiento, su conciencia podrá descansar.

A QUIEN PUEDA INTERESAR

Nuestra confesión debe ser tan amplia como la ofensa que hemos cometido. En la mayoría de los casos, si usted le ha hecho daño a una persona o la ha ofendido, solo tendrá que acudir a esa persona. Si le ha robado dinero a la iglesia, les debe confesar su pecado a los líderes de la iglesia. Si ha malversado fondos, se lo debe confesar a aquellos a quienes les ha hecho el mal, por grande que sea su círculo.

Un hombre que haya cometido adulterio, ¿necesita confesarle ese pecado a su esposa? Sí; yo creo que debe hacerlo, como también lo debe hacer la esposa que haya engañado a su esposo. Dada la naturaleza de los lazos matrimoniales, la inmoralidad es un pecado contra la persona *con la cual* se comete, y también *contra* el cónyuge cuya confianza ha sido violada. Lo mejor es hacer este tipo de confesión con la ayuda de un pastor o consejero.

La mayoría de las veces, no necesitamos confesarnos mutuamente nuestros pensamientos. Si yo estoy enojado con usted, y usted no lo sabe, no es necesario que le confiese mi enojo. Un hombre que siente lujuria hacia una mujer ajena, bajo ninguna circunstancia le debe confesar a ella que tiene pensamientos pecaminosos hacia su persona, porque lo único que puede hacer esto es despertar un apetito mayor en ambos. Casi siempre, lo mejor es dejarle a Dios los pecados de la mente.

¿Debemos confesar las ofensas que cometimos hace mucho tiempo? Permítame preguntarle cuánto tiempo le toma a usted olvidar que un amigo lo engañó y le quitó, digamos, cinco mil dólares. ¿Un año? ¿Diez años? ¿Cuánto tiempo va a recordar el momento en que le mintió alguien a quien amaba? Sin el perdón y la reconciliación, nos estaríamos llevando esos recuerdos a la sepultura. Muy pocas veces oscurece el tiempo el recuerdo de una mala obra. Solo el perdón nos puede hacer olvidar.

Una señora me preguntó: «¿Debo confesar que mentí bajo juramento hace veinticinco años?». Mentir bajo juramento es un serio delito; Dios dice que el infierno está lleno de mentirosos. Con todo, ahora que ya han pasado veinticinco años, es muy probable que las circunstancias hayan cambiado drásticamente, así que tal vez no es posible que ella «confiese» ante todas las personas involucradas.

La confesión dirigida a otra persona puede ser útil, pero algunas veces nos tenemos que limitar a pedirle a Dios sabiduría sobre la forma de resolver estas situaciones.

CALCULAR EL PRECIO

Por último —y ahora sí que se pone esto difícil—, la reconciliación puede comprender también una restitución (vea Lucas 19:8). Cuando el Espíritu Santo nos comienza a poner convicción acerca de nuestras ofensas, la reconciliación nos puede salir costosa.

Un contratista me dijo que durante años había estado construyendo casas con materiales inferiores. Se había creado la práctica de prometer un nivel de calidad superior al que realmente les daba a sus clientes. Ahora, de repente, Dios le estaba iluminando el alma. Imagínese la situación en la que se encontraba aquel hombre. Se enfrentaba a una difícil pregunta: *¿Estoy dispuesto a hacer todo lo que Dios me exija, al precio que sea?*

Con un deseo cada vez mayor de agradar a Dios, el contratista tomó todos sus ahorros, hipotecó su casa y les devolvió cuanto dinero pudo a todos y cada uno de sus clientes. Yo le pregunté: «¿Valió la pena?». Su respuesta fue: «¡Hasta el último centavo!».

Qué decir del hombre que mintió en una solicitud para recibir una compensación obrera, diciendo que se había lesionado en el trabajo cuando, en realidad, se había lesionado mientras andaba de caza? Cada mes —ahora, y por el resto de su vida—, va a estar recibiendo fraudulentamente un cheque. Cuando se le dijo que debía corregir esto, contestó: «¿Acaso usted me cree tan tonto como para decir la verdad e ir a la cárcel, en lugar de limitarme a aceptar lo sucedido y seguir adelante?». Ahora bien, ¿cómo se puede seguir adelante cuando se están recibiendo aún unos fondos basados en un engaño? ¿No sería mejor pasarse sus días en prisión con una conciencia tranquila, que en el retiro, sabiendo que cada día que pasa está desagradando a Dios?

En efecto, para un hombre la reconciliación significó una sentencia de cadena perpetua. En 1975, siendo aún adolescente, John Claypool cometió un asesinato, solo «para ver cómo es eso de matar a alguien». Aunque habían sospechado de él, no lo habían declarado culpable del crimen. Más tarde, cuando se casó y tuvo hijos, sabía que se llevaría su secreto a la tumba.

Pero entonces, aceptó a Cristo como Salvador y supo lo que debía hacer. En 1997, veintidós años después del asesinato, John Claypool se entregó a las autoridades y fue enviado a prisión. Más tarde diría:

> Con todo, Dios fue fiel a su promesa de sostenerme. En el momento de la verdad, aunque me había convertido en prisionero de la ley, quedé libre ante Él por vez primera en mi vida. No puedo describir la sensación de que aquella carga me había sido quitada por completo. El Señor ahora tenía entre sus brazos a ese hijo que había sido desobediente, y fiel a su promesa, no permitiría que yo fallara. Una paz maravillosa que nunca antes había conocido, me inundó el alma. Ahora me encuentro confinado a una prisión de máxima seguridad, cumpliendo mi condena por asesinato en segundo grado. Pero soy más libre y tengo más paz que en ningún otro momento de mi vida [8].

Un amigo mío admitió haber falsificado unos papeles para convertirse en ciudadano de los Estados Unidos. «Si acudo a las autoridades», me dijo, «me van a encarcelar y después me van a deportar a mi país de origen, donde me voy a tener que enfrentar a represalias».

¿Qué debe hacer?

Este tipo de preguntas solo se puede responder con otra pregunta: ¿Cuánta necesidad siente usted de tener la conciencia tan tranquila como el cielo azul?

Si usted escoge una eternidad gloriosa con Cristo, puede conocer ahora mismo la paz que busca. Eso no significa que su vida en la tierra carezca de dificultades. Jesús enseñó que en el camino de los que le siguen de todo corazón los esperan las dificultades, e incluso la muerte en ocasiones. Recuerde las palabras de Dietrich Bonhoeffer: «Cuando Cristo llama a un hombre, lo llama para que vaya a morir» [9]. Lo debemos dejar todo para seguirlo.

Nunca nos parecemos más a Dios, que cuando perdonamos; nunca somos más humanos que cuando nos damos cuenta de que necesitamos el perdón. Lo exhorto a dar hoy los pasos necesarios para poner paz en toda relación donde haya animosidad y lucha. Algunas veces, hacer lo que es difícil es hacer lo que es mejor.

Pero, ¿qué hacemos si los demás no nos quieren perdonar?

Siga leyendo.

CAPÍTULO SEIS

CUANDO ALGUIEN NO NOS QUIERE PERDONAR

Un entrenador de fútbol recogió a su hija de dos años en casa de unos amigos, a petición de su esposa, de la cual estaba separado. Una vez en el auto, la pequeña se durmió mientras su padre hacía una serie de encargos rápidos. Después se fue a la práctica de fútbol, olvidando que su hija estaba dormida en el asiento posterior. Dos horas más tarde, cuando volvió, para horror perpetuo suyo, descubrió su cuerpo; había muerto en el intenso calor del automóvil en una tarde de agosto.

Él no le pidió perdón a su ex esposa. Ella ya lo odiaba por otras razones; no valía la pena que le pidiera perdón, sabiendo que ella lo iba a rechazar. Más aun, creía que pedirle perdón equivaldría a darle un aspecto trivial a aquello tan horrendo que había sucedido. Una cosa es que una hija querida muera en un accidente, y otra muy distinta es que muera ahogada por un descuido de su padre. Aquello era una ofensa para la cual él creía que no podía haber perdón ni reconciliación.

¿Qué hacemos cuando los demás no nos quieren perdonar?

Como ya he dicho, debemos estar dispuestos a hacer lo que a nosotros nos corresponde; a tomar la iniciativa en el proceso de reconciliación. Tenemos que dar a conocer que sentimos lo sucedido, aunque sepamos que nos van a rechazar. Pero hay circunstancias en las cuales no es posible restaurar una relación rota. Por ejemplo, el preso que me escribió para decirme que había violado a cuatro mujeres, destruyéndoles su vida. Después había recibido el perdón de Dios, pero se tendría que pasar toda la vida sabiendo que había destruido cuatro vidas que lo más probable era que no pudiera ayudar a reparar.

Gracias a Dios, en la mayoría de los casos podemos dar los pasos necesarios para llevar por lo

menos un cierto grado de sanidad a una relación
destruida, aunque la reconciliación parezca
imposible de lograr. Una vez que hayamos hecho
todo cuando esté a nuestro alcance para restaurar
la relación, tenemos que seguir adelante con
nuestra vida. Debemos recordar que tenemos una
cita con el destino. Nuestra lucha por conectarnos
con los demás nos da una oportunidad para
asemejarnos cada vez más a Jesús, quien no sintió
la necesidad de resolver todos los problemas de
injusticia que lo rodeaban, sino que encomendó
su caso al Tribunal que se encuentra por encima
de todos los demás (vea 1 Pedro 2:21-23). Él
sabía que su Padre terminaría pesándolo todo en
su balanza.

UNA PERSPECTIVA ETERNA

Entonces, ¿qué hacer cuando hemos cometido
una falta que los demás no nos quieren perdonar?
¿Qué hacer si cuando pedimos perdón se nos in-
terpreta nuestra acción como una vacía expresión
de nuestra búsqueda de nosotros mismos; de un
estereotipo destinado a aliviar nuestro sentido de
culpa? ¿Qué hacer si sencillamente no hay posi-
bilidad de restaurar una relación a causa de nuestros fallos del pasado?

En primer lugar, nunca debemos perder la esperanza, sino que debemos seguir orando constantemente para que Dios bendiga la vida de aquellos de los cuales hemos sido separados. Dos misioneros que no se llevaban demasiado bien mientras trabajaban juntos, terminaron separándose. Con una desconfianza mutua, y cada uno de ellos convencido de que su causa era justa, parecía imposible alcanzar una reconciliación genuina. Sin embargo, el tiempo y la oración sanan muchas veces las heridas y nos dan la perspectiva que necesitamos. Hoy en día, estos dos misioneros no solo se han perdonado el uno al otro, sino que son amigos íntimos.

En segundo lugar, cuando hayan rechazado nuestra petición de perdón, si nos es posible, le debemos decir a la persona que hemos ofendido: «Sé que usted no me puede perdonar ahora, pero dígame cuándo podría estar en condiciones de hacerlo. Para mí significaría mucho que llegara el momento en que me pudiera perdonar».

En tercer lugar, debemos poner todo el asunto en los hombros de Jesucristo. Él puede cargar con lo que nosotros no podemos. Deje que su dolor ante la relación quebrantada le recuerde lo mucho que necesita la gracia de Dios, pero no se paralice pensando que se le ha acabado la vida.

Jesús no fue un fracasado por no haberse podido reconciliar con todos los seres humanos.

Dos hombres cristianos decidieron comprar y renovar una vieja casa situada frente a la playa, y venderla más tarde para obtener una ganancia. Uno de ellos compró la casa, y el otro, que hizo las renovaciones, cargó miles de dólares en su tarjeta de crédito personal para comprar los materiales y los suministros. Por supuesto, esperaba que se le devolviera el dinero de esos gastos. Sin embargo, después de renovada la casa, no lograban venderla. El hombre que tenía tan cargada su tarjeta de crédito insistía en que se le reembolsara el costo de los materiales, mientras que el hombre que había financiado la compra de la casa alegaba que no tenía dinero, y que solo le podría pagar a su amigo cuando se vendiera la casa.

Aquellos dos hombres no se pudieron reconciliar en cuanto a este asunto. Tenían diferencias genuinas en cuanto a la forma de resolverlo. Aun con la mejor de las intenciones, muchas veces las relaciones quedan colgando de hilos sin atar. Cuando hayamos hecho todo lo que podemos, debemos creer que Dios va a resolver estos asuntos a su manera; tal vez en esta vida, pero con toda seguridad, en la vida futura.

Algunas veces debemos aceptar la muerte de una relación. Debemos saber en nuestro corazón que hemos hecho todo lo que nos ha sido posible para rectificar nuestros fallos, pero en nuestro mundo caído, no siempre vamos a tener éxito. Es probable que la mujer cuya hija murió en el auto nunca perdone a su negligente esposo. También es probable que las víctimas de las violaciones nunca perdonen a su violador, aunque él se lo pida.

Por eso debemos consolarnos con el conocimiento de que al final, Dios va a traer todas las cosas a la luz:

> Así que, no juzguéis nada antes de tiempo, hasta que venga el Señor, el cual aclarará también lo oculto de las tinieblas, y manifestará las intenciones de los corazones.
>
> 1 Corintios 4:5

En el tribunal de Cristo, todas las cuestiones no resueltas entre creyentes van a ser juzgadas. En cuanto a los no convertidos, ellos cargarán para siempre con todo el peso de su pecado. De esta forma, en ambos casos se hará justicia. El castigo será administrado de acuerdo a las normas más meticulosas. Así cantaremos por siempre sobre los juicios justos y verdaderos de Dios.

Es cierto que, en los tribunales humanos, «la justicia retardada es una justicia negada». En cambio, Dios nunca pierde de vista las evidencias. Tampoco contamina sus hallazgos con el transcurso del tiempo. Por eso podemos esperar hasta el día final del Juicio para recibir su justa resolución. Cuando hayamos hecho todo lo que podamos para restaurar una relación, nos debemos apartar del impulso a tomarnos el asunto en nuestras propias manos. Lo que debemos hacer es poner nuestro caso en las manos de Dios, seguros de que todas las cuentas terminarán quedando resueltas.

El rey David llegó al final de su vida incapaz aún de reconciliarse con todos aquellos a los que había herido. Después de asesinar a Urías para cubrir su adúltera relación con Betsabé, le pidió a Dios su perdón y lo recibió. Pero sus lágrimas no le pudieron restaurar la pureza a Betsabé, ni sus remordimientos pudieron devolver a Urías a la vida. Las otras esposas de David se sintieron enojadas por su favoritismo con Betsabé después que esta se mudó al palacio real. En general, sus hijos lo despreciaron por la hipocresía de su fallo moral.

Sin embargo, aun sabiendo que nunca se podría limpiar el desastre que él había creado, David se regocijaba en Dios.

Esta era su oración:

Hazme oír gozo y alegría,
    y se recrearán los huesos que has abatido.
Esconde tu rostro de mis pecados,
    y borra todas mis maldades.
Crea en mí, oh Dios, un corazón limpio,
    y renueva un espíritu recto dentro
    de mí...
Vuélveme el gozo de tu salvación,
    y espíritu noble me sustente.
Entonces enseñaré a los transgresores tus
    caminos, y los pecadores se
    convertirán a ti.
                SALMO 51:8-10, 12-13

¡Palabras de esperanza para todos los que han causado un desastre alguna vez en la vida!

NOTAS

1. Peter Johnson, «Greene, a "Lost Voice", Awaits Renewal», *USA Today*, 5 de marzo de 2003, D4.
2. Martín Lutero, tal como se relata en la obra de C. F. W. Walther llamada *The Proper Distinction Between Law and Gospel*, Concordia Publishing House, Saint Louis, MO, 1986, p. 108.
3. William G. Justice, *Guilt and Forgiveness*, Baker Book House, Grand Rapids, MI, 1980, p. 95.
4. Ibíd., p. 105.
5. C. S. Lewis, *Letters of C. S. Lewis*, edit. W. H. Lewis, Harcourt Brace Jovanovich, Nueva York, 1966, p. 230.
6. C. H. Spurgeon, «Grace Abounding», *The Spurgeon Archive*, (consultado el 26 de septiembre de 2003). De un sermón

pronunciado en el Metropolitan Tabernacle, Newington, el 22 de marzo de 1863.

7. Extraído de *I Kissed Dating Goodbye* © 1997, 2003 por Joshua Harris. Usado con autorización de Multnomah Publishers, Inc.

8. John Claypool, contado a Ken Hyatt, «Freedom Behind Bars», *The Standard*, abril de 1999, pp. 22-23.

9. Dietrich Bonhoeffer, *The Cost of Discipleship*, Simon & Schuster, Nueva York, 1995. Publicado por vez primera en alemán en 1937.

NOTAS